하지마!
재희

Don't Jaehee

Written by
Hajima Jaehee

Korean Edition
Copyright © 2019 by HayoungIn
Pohang, Korea

추천사 1

장로회신학대학교 신약학 교수 소 기 천

여호와는 많은 물 위에 계시도다(시 29:3)

『하지마 재희』 출판을 축하합니다. 하나님께서는 찬양 중에 거하십니다. 찬송은 입술의 열매입니다. 김재희 선교사님은 일본인의 영혼을 한국인의 마음으로 울리는 찬양사역자입니다. 물은 낮은 곳으로 흐르다가 더 이상 낮은 곳이 없으면 머무는 것과 같이 김재희 선교사님은 가장 낮은 곳에서 일본인의 영혼을 사랑하는 사역을 하고 있습니다.

이 찬양곡이 일본인 선교를 넘어서 한국인의 마음에

도 평화와 화해를 이루기를 바랍니다. 기타를 치며 작곡을 하며 녹음을 할 때 모든 것이 소리요 음성입니다. 마치 광야의 외치는 자의 소리와 같은 세례 요한처럼 김재희 선교사님은 하나님께서 주신 청아한 목소리로 모든 물 위에 계신 하나님의 영광을 찬양합니다. 이번에 기쁨의교회에서 열리는 칠포국제찬양축제(팡팡프레이즈페스타)에서 데뷔 무대를 가지는 것도 놀라운 일입니다. 모든 일에 놀라움과 기쁨을 주시는 하나님께 감사드립니다.

추천사 2

포항기쁨의교회 위임목사
Gloria Ministry Internaional **대표**

박 진 석

일본은 우리나라보다 기독교 인구가 현저히 적지만 그 역사는 우리나라보다 앞섭니다. 최초로 성경을 번역했던 한국의 이수정 선교사도 일본인 농학자 쓰다 센으로부터 복음을 전수 받았습니다. 한국과 일본의 선교 협력을 통해서 일본 기독교 부흥의 새물결을 꾀하고자 할 때 우리는 그들의 역사와 전통, 문화를 반드시 이해해야 합니다. 또한 다양한 방식으로 그들과의 접촉을 시도해야 합니다.

김재희 선교사님은 이런 측면에 있어서 아주 훌륭하고 축복받은 조건을 갖추고 있습니다. 이 책이 한국에서는 일본의 문화를 더 깊이 이해하는 참고서가 되고 일본에서는 한국 선교사들이 일본을 그리스도의 사랑으로 품고 있음을 알리는 기회가 되었으면 합니다. 특별히 칠포국제찬양축제(팡팡프레이즈페스타)를 통해 김재희 선교사님의 아름다운 노래가 한일관계의 굳은 마음을 녹이는 따뜻한 선율로 퍼져나가길 소망합니다.

일본선교에 마음을 품고 있는 누구에게나 이 책은 새로운 도전과 성령의 인도하심으로 카멜레온처럼 변화할 수 있는 섬기는 종의 선구적 선교모델을 보여줄 것이라 확신하며 자신있게 추천합니다.

추천사 3

치유하는교회 위임목사 김 의 식

김재희 선교사님은 일찍이 일본선교의 꿈을 안고 유학을 가서 일본의 신학대학에서 공부를 했습니다. 일본인이자 목사인 남편을 만나서 일본인 교회를 목회하며 선교해 왔습니다. 그런데 하나님께서 그에게 또 다른 재능을 주셨습니다. 선교사님은 싱어송 라이터로서 친히 작사 작곡한 곡과 거기에 얽힌 은혜의 간증들을 좋은 책으로 엮었습니다. 특별히 한일관계가 심상치 않은 현재에 한일관계에 대한 메시지까지 곁들인 책『하지마 재희』는 시의적절하다고 평가할 수 있습니다. 이 책을 통해 일본에 대한 이해와 복음 선교가 더욱 힘있게 이루어지며 하나님의 영광이 크게 높여지길 간절히 기원합니다.

추천사 4

　　　　　　　　　　대구동일교회 위임목사 오 현 기

　김재희 선교사님은 대구동일교회 출신으로 일본기독교단의 하지마 켄지(羽島健司) 목사의 사모이자 일본 선교사입니다. 김 선교사님은 경북대학교 간호학과를 졸업해 의료인을 길을 걸을 수 있었음에도 불구하고 하나님의 부르심에 따라 장로회신학대학교 신학대학원(M.Div.)에 진학하여 선교사의 길로 접어들었습니다. 2006년에 예장 통합측 단기선교사로 일본에 온 이후, 동경신학대학(東京神学大学)에 진학하여 동 대학에서 석사(구약신학) 과정을 수료한 우수한 재원이기도 합니다. 현재 대구동일교회 후원선교사로서 13년째 일본에서 선교 사역을 감당하고 있습니다.

김재희 선교사님은 다재다능합니다. 특히 음악에 있어서도 이미 유튜브에 친히 작사 작곡한 다수의 신곡을 올려 전 세계인들에게 아름다운 찬양을 들려주고 있습니다. 이는 교육자이셨던 부친과 모친의 음악적 재능을 이어 받은 결과입니다. 김선교사는 자신이 직접 작사, 작곡한 곡을 이 책을 통해 소개함으로써 하나님을 찬양하는 그의 소중한 마음을 담았습니다. 그래서 우리에게는 그의 뛰어난 음악성을 엿볼 수 있는 기회일 뿐 아니라, 그 곡들이 탄생한 배경을 에피소드로 함께 접함으로 하나님이 주시는 큰 은혜와 마음의 감동을 함께 나눌 수 있는 기회가 될 것입니다.

또한 김재희 선교사님은 한일관계를 생각할 때, 민간 외교관으로서의 몫을 톡톡히 하고 있습니다. 왜냐하면 선교사임과 동시에 일본에 사는 재일 한국인으로서 한국을 대표하고 대변하기 때문입니다. 본서에는 이러한 관점에서 본 한일관계에 대한 소회도 담고 있어 선교지로서의 일본을 이해하는 데 큰 도움이 될 줄 믿습니다. 바라기는 본서를 통하여 오로지 일본과 일본인을 위해 헌신한 김재희 선교사님의 주를 향한 사랑과 그가 받은 은혜가 뭇 영혼들을 깨우고, 상한 심령을 어루만져 고치는 역사로 나타나기를 기대합니다.

推薦の言葉 5

日本キリスト教団本庄教会牧師

疋田國磨呂

「神を愛する者たち、つまり、御計画に従って召され者たちには、万事が益となるように共に働くことを、わたしたちは知っています。」（ローマの信徒への手紙8：28）

羽島載憙牧師は、日本での福音宣教の使命を与えられ、東京神学大学で学び、そこで羽島健司牧師と出会い、結婚し、御夫妻で日本キリスト教団足利東教会の牧師として遣わされました。7年間、言葉や文化の違いを乗り越えて主の御業に仕えておら

れ、特に、足利地域の外国人たちや心の病の方々が載憙牧師の賛美の賜物を用いての賛美礼拝を通してキリストを出会う機会が与えられています。

　神様は、載憙牧師の働きを祝福し、御夫妻の間に娘さんを与え、癌の病気をも癒し、日本の福音宣教のために万事を益と下さっています。載憙牧師のお働きを覚えてお祈りください。

추천사 5

일본기독교단 혼죠교회 담임목사
전 일본기독교단 관동교구장

히키타 구니마로

우리가 알거니와 하나님을 사랑하는 자 곧 그의 뜻대로 부르심을 입은 자들에게는 모든 것이 합력하여 선을 이루느니라(롬 8:28).

하지마 재희 목사는 일본선교의 사명을 받아 동경신학대학에서 배우고 신학교에서 하지마 켄지 목사와 만나 결혼하였습니다. 부부로서 일본기독교단 아시카가히가시교회의 목사로서 섬기게 되었습니다. 7년간 언어와 문화의 차이를 뛰어넘어 주님이 주신 사역을 감당하고 있습니다. 특별히 아시카가 지역의 외국인이나 마음이 연약한 자들이 재희 목사의 찬양의 은사들을 통해서 그리스도의 사랑과 위로를 체험하고 있습니다.

하나님은 재희 목사의 사역을 축복해 주시고 자녀를 허락해 주셨습니다. 최근에는 암과의 투병에서도 치유함을 입었습니다. 일본선교를 위해서 모든 것이 합력하여 선을 이뤄주심을 몸소 체험하고 있습니다. 이러한 삶과 체험들이 글 속에 잘 녹아있다고 생각하며 이 책을 추천을 합니다. 계속적으로 재희 목사의 사역을 위해서 기도해 주시기를 바랍니다.

推薦の言葉 6

新座ニューライフチャペル 協力宣教師
有田睦美

　この本は、新時代の日本宣教と韓日関係の新たなるパースペクティブを提供している。

　私は、羽島健司・載憙夫妻との長年の交流の中において、ご夫妻の神様と人々への姿勢と生き様を見るときに、そこには人の技ではない神の技である韓日の希望を見出すことができます。この本は、日本宣教のみならず、ITとSNS革命以降の激動する世界において、羽島先生夫妻の、これまでの学びと経験の中から得たところの、日本宣教において役立つ、多くの実践的な視座が含まれている文献である

と共に、新時代の韓日関係のあり方と、あらゆる民族的文化的摩擦を超えた、キリストにある希望と、韓日ならではの対峙（コミュニケーション）と協調性による、無限の可能性をエクスポーズした本なのです。

　この本は、今後、韓日に関わるすべての人々にとっての必読書となり、韓日関係者のみならず、ポストグローバル時代を生きる全人類に向けて、大いに示唆を与える本となることを確信いたします。心からお勧め申し上げます。

추천사 6

니이자뉴라이프채플 협력선교사
아리타 무쯔미

이 책은 신시대의 일본선교와 한일관계의 새로운 관점을 제공하고 있습니다. 저는 하지마 켄지, 재희 부부와 오랫동안 교제하면서 그들이 가지고 있는 하나님과 사람들에 대한 자세와 삶의 방식을 보게 되었습니다. 이를 통해 인간의 방식이 아닌 하나님의 방식에 의한 한일간의 희망을 바라볼 수 있었습니다.

이 책은 일본선교뿐 아니라, IT와 SNS 혁명 이후의 격동하는 시대에 나아가야 할 한일관계의 방향성을 제시하고 있습니다. 민족적, 문화적 마찰을 뛰어넘어 그리스도 안에서의 희망과 한일 간의 대화와 협력의 무한 가능성을 표현한 글이라고 생각됩니다. 그렇기에 『하지마 재희』는 차후 한일관계에 관련된 모든 사람들에게 큰 도움이 될 것입니다. 또한 포스트 글로벌 시대를 사는 세계 각지의 그리스도인들에게 시사하는 바가 있다고 확신하며 마음깊이 추천합니다.

프롤로그

　누군가 "태어나서 처음으로 가졌던 꿈이 무엇이냐"고 물어보면 저는 망설임 없이 '가수'라고 대답하곤 합니다. 마흔이 넘어 선교사가 되고 목사가 되어서도 그 꿈만은 접을 수가 없었지요. 이루지 못한 꿈에 대한 미련은 노래를 만드는 일로 이어지기 시작했고, 노래를 만들다보니 '찬양사역'이라는 꿈이 또 다른 희망으로 다가왔습니다. 찬양사역을 시작하는 일반적인 방법은 음반을 내서 데뷔하는 것입니다. 하지만 저는 아직 훌륭한 음반을 만드는 데 필요한 인맥도 능력도 없습니다. 어쩌면 이 글이 저를 알리는 시작이 될지도 모르겠습니다. 이런 부족한 저를 사용해주시는 하나님, 그리고 마음을 다해 도와주시는 교회와 스텝들에게 감사할 따름이지요.

모태신앙으로 자랐음에도 저는 20대 초반에 심각한 영적 갈등을 경험했습니다. 성경에 관한 의심과 숱한 질문들은 불신자와 흡사할 정도였는데 그중에서도 찬양에 관한 것이 그랬습니다.

> 이 백성은 내가 나를 위하여 지었나니 나를 찬송하게 하려 함이니라(사 43:21).

이 말씀을 읽는 순간 제 마음속에는 엄청난 동요가 일어났습니다. '세상에, 하나님이 자신을 위해 사람들을 지었다니! 그렇다면 나는 하나님의 꼭두각시인가?' 당시는 하나님이 너무 자기중심적이라고 느꼈습니다. 동시에 하나님을 의심하는 제가 계속 교회에 다녀도 될지

하지마!
재희

고민도 되었지요. 아마 신앙생활을 하는 가족, 친구, 선후배만 없었더라면 당장에 교회를 떠났을지도 모를 일입니다. 그러던 어느 날 신기한 사건이 일어났습니다. 대학교 도서관에 앉아 있는데 난데없이 책들이 저에게 소리치는 것이었습니다.

"이 많은 책들 가운데 가장 믿을 만한 베스트셀러는 성경이다!"

동화에서나 일어날 법한 일이지만 사실입니다. 책들의 요란한 아우성, 바로 성령께서 제게 들려주신 음성이었습니다. 결국 그날 저는 하나님께 백기를 들고 말았습니다. 더 이상 교회를 떠나야겠다는 생각은 할 수조차 없었지요.

얼마 전의 일입니다. 저는 느닷없는 요청으로 설교를 하게 되었습니다. 설교 준비를 할 수 있는 시간이 하루뿐이었기에 저는 특송과 함께 평소에 나누고 싶었던 이야기를 하기로 마음먹고 머릿속 생각을 글로 적기 시작했습니다. 그런데 문득 20대 초반의 저를 혼란스럽게 만들었던 이사야 43장 21절 말씀이 떠올라 다시 마음이 복잡해졌습니다. 저 자신도 깨닫지 못하는 말씀을 성도들과 나눌 수 있을지 염려되기 시작했지요. 순간 '이건 내가 반드시 넘어야 할 산이로구나!'라는 생각이 들었습니다.

저는 다시 한번 말씀을 되뇌어보았습니다. "이 백성은 내가 나를 위하여 지었나니 나를 찬송하게 하려 함이니라." 그런데 좀 이상했습니다. 이 말씀을 읽고 붉으락푸르락 노기등등했던 젊은 날의 제 모습을 찾아볼 수 없었기 때문인데요. 신기하게도 저를 그렇게도 기분 나쁘게 했던 말씀이 아무렇지 않게 느껴졌습니다. '하나님이 나를 지으셨으니 그 정도 계획을 가지셔도 괜찮지 않나?' 딱 그 정도 느낌이었어요.

하지마!
재희

"나를 찬송하게 하려 함이니라." 저는 설교 준비를 하면서 이 말씀을 좀 더 차근차근 생각해보았어요. 문득 창조주 하나님의 모습이 떠올랐습니다. 창세기에서 열쇠를 찾을 수 있을지도 모르겠다 싶었지요.

> 하나님이 자기 형상 곧 하나님의 형상대로 사람을 창조하시되 남자와 여자를 창조하시고 (창 1:27).

이 말씀을 유심히 볼까요? 하나님께서 그분의 형상대로 창조하신 유일한 피조물은 바로 사람입니다. 사람은 처음부터 하나님과 관계하는 피조물이었던 것이지요. 그런데 관계를 맺을 때 가장 중요한 수단은 무엇일까요? 언어입니다. 언어로 의사소통을 하면서 관계를 엮어가는 것이 우리 인간이지요. 여기서 잠깐, 어떤 관점에서 보면 언어는 칭찬과 비난으로 분류할 수 있는데요. 하나님과 좋은 관계를 맺기 위해서는 칭찬과 비난

중 어떤 언어를 사용하는 게 좋을까요? 맞습니다. 바로 칭찬입니다. 사람이 하나님과 좋을 관계를 맺기 위해 사용하는 '칭찬'이라는 언어는 다름 아닌 찬양입니다. 하나님을 찬양하게 하신 목적은 바로 하나님과 좋은 관계를 맺을 수 있게 해주는 소위 '꿀팁'인 거죠. 비로소 저는 이사야 43장 21절에 담긴 주님의 의도를 헤아릴 수 있었습니다. 하나님은 우리와 좋은 관계를 맺기 위해 '꿀팁'을 제시하시는 젠틀맨이셨습니다. 할렐루야!

하나님은 진심으로 찬양하도록 저를 다방면으로 단련시키십니다. 아직도 그 과정에 있지만요. 저도 모르는 사이에 저와 제 주변이 조금씩 변하고 있는 것을 깨달았습니다. 일본선교사의 꿈은 수줍음 많이 타는 저를 스스로 훈련시켜 오히려 외향적으로 자라게 했습니다. 또한 간호사의 자격을 뒤로 하고 목회자로서의 길을 가게 하였습니다. 일본 목회현장에 맞추어 그렇게 하고 싶지 않았던 사모의 길도 거절하지 않았습니다. 목사가 될 수 있을까 불안해했던 제가 장로교 통합측에서 안수 받을 기회를 뒤로 하고 연하의 남편과 같은 시기에 일본기독교단 목사안수를 받기로 했습니다.

한국에서 형무소 목사에 대한 권유를 마다하던 제가 일본에서는 형무소 사역을 하고 있습니다. 이제는 어릴 적 꿈이었지만 불가능해 보였던 복음송 가수와 탤런트까지 도전하고 있습니다! 이는 자신이 아닌 자신도 되어보고 제가 가진 잠재력을 최대한 발휘해 보려는 몸부림입니다. 이 모습이 독자에게도 전달되었으면 하는 꿈을 꿉니다.

부족한 것 투성이지만 이 한 영혼이, 한 사람이라도 구원하는 도구가 되기 위해서 카멜레온이 되어 봅니다. 주위의 환경에 따라 자신의 색을 바꾸는 카멜레온처럼 저도 컨텍스트에 맞춰 제 자신을 마음껏 바꿔보렵니다. 그것이 일본인 한 영혼을 구원할 수 있는 일이라면 가치 있다고 생각합니다.

또한 제게 허락한 동반자인 남편의 도움을 많이 받아왔습니다. 그 답례적인 의미에서도 남편의 글과 곡을 부록편에서 소개하고자 합니다. 전형적인 일본인으로 살아왔고 가족이나 친지 가운데 크리스찬이 한 명도 없었던 남편입니다. 그를 통해 일반 일본인의 속마음을 배울 수 있었습니다. 여러분에게도 조금이나마 공유할 장을 마련해 보았습니다.

저는 일본선교의 비전을 받고 크고 작은 도전 속에서 이 책을 집필하게 되었습니다. 학술적으로 보면 부족하기 짝이 없습니다. 그러나 23년간 가슴에 품었던 일본선교를 향한 저의 진심과 일본에서 13년간 살면서 체감한 모든 이야기가 여러분의 마음에도 고스란히 전해지기를 하나님께 기도드립니다.

목차

추 천 사 · 4
프롤로그 · 20

1부 찬양의 이유 · 31

부르심 · 32
오병이어 · 36
새로운 도전 · 41
찬양사역자 · 44
굶주린 마음 · 47

2부 한일관계의 이모저모 · 53

넘기 어려운 벽, 일본선교 · 54
일본 기독교공조회 100주년과 대한민국 3.1운동 100주년 · 56
일본선교의 가능성을 발견하다 · 59

3부 한일관계의 회복과 사명 · 63

일본선교를 응원해 주었으면 · 64
일본선교의 열쇠는 한국에 · 66
일본 사랑 = 하나님 사랑 · 69
일본을 나 자신처럼 사랑할 수 있다면 · 72
그럼에도 불구하고 · 74

4부 찬양으로 거듭나리라 · 79

1. 조용한 음성(静かな声) · 80
2. 따스한 햇살(暖かい日差し) · 86
3. 스카이트리(Sky Tree) · 92
4. 인도하소서(導きたまえ) · 101
5. 사람과 사람(人とひと) · 109
6. 전차 칙칙폭폭(電車、生き延びよう) · 120
7. 온다 온다 왔다(来る 来る 来た) · 130

5부 시로 주님을 증거하리라 · 143

1. 주님의 품(主のふところ) · 144
2. 기다리는 자리(まっている席) · 147
3. 친구여(友よ) · 150
4. 때(時) · 154
5. 병 속의 편지(びんの中の手紙) · 157
6. 그대는 살고 있습니다(君は生きています) · 160
7. 하나에 걸었다(ひとつにかけた) · 163
8. 발이 잘 갑니다(足は利く) · 166

부록 · 173

에필로그 · 218

하지마!
재희

第一章
賛美の理由

1부
찬양의 이유

부르심

> 묵시가 없으면 백성은 방자히 행하거니와 율법을 지키는 자는 복이 있느니라(잠 29:18).

잠언 29장 18절 말씀은 지금 제가 확신하며 나아갈 수 있는 원동력이 되고 있습니다. 하나님의 말씀의 능력을 어느 때보다 절감하고 있지요. 그런데 한때는 말씀으로 인해 엄청난 고민에 빠지기도 했어요. 복음서에 등장하는 '오병이어의 기적'이 그랬습니다. 이 말씀은 저의 30대를 뒤흔들어 놓았는데, 그 배경을 나누어 볼까 해요.

청춘을 불사르며 일본선교 비전을 향해 달리던 저는 신학교 입학 여부를 두고 많은 고민을 했습니다. 간호학을 전공하는 중에도 예술분야에 대한 관심과 영적 갈등으로 자퇴와 복학을 하면서 부모님의 마음고생이 이만 저만이 아니었거든요. 그래서 단번에 합격하지 않으면 그냥 간호사가 되기로 결심하고 신학대학원 준비에 나섰습니다. 신학교 진학 등의 진로문제를 해결하는 목적으로 예수전도단 제자훈련을 오사카에서 받고 난 후 두 달은 쉬엄쉬엄 공부했고 입시 한 달을 앞두고는 짐을 싸서 신학대학교 고시원으로 들어갔어요. 신학대학원 준비반을 운영하는 1년 선배의 도움으로 저는 기적처럼 입학할 수 있었습니다. 당시 '이 정도의 은혜를 주셨으니 목회의 길에 흔들림이 없게 해 주실 거야!'라고 확신했어요.

그러나 신학대학원 1학년 과정의 영성수양회에서 불현듯 목회자로 부르심에 대한 의구심과 불안이 시작되었습니다. 그럼에도 더 이상 진로나 학업문제로 가족들을 힘들게 하고 싶지 않아서 의문을 가진 채 신학생 시절을 보냈지요. 심지어 졸업할 때까지 말이에요. 바로 영성수양회에서 받은 오병이어에 관한 말씀 때문입니다.

묵상 기도훈련을 받은 후 저는 말씀 속 인물이 되어 기도하고 있었어요. 저는 예수님께 보리떡 다섯 개와 물고기 두 마리를 바친 소년이 되었습니다. 저는 예수님께 이렇게 고백했습니다.

"주님, 가진 것이라고는 간호사 면허증밖에 없으니 그것을 드리겠습니다."

그랬더니 주님께서 그 면허증을 쓰시겠다고 하는 겁니다. 순간 까무러치게 놀랐습니다. '간호사 면허증을 받으신다니? 그럼 내가 갈 길이 목회가 아니란 말인가?' 이후 목회자로 부르심에 대한 확신이 흔들리기 시작했어요. 신학대학원을 졸업한 후 서둘러 일본으로 간 가장 큰 이유도 그 때문이었습니다. 일종의 회피였던 것 같아요. 다만 일본선교에 대해서는 확신이 컸기 때문에 목사 안수를 받고서 차근차근 준비하기보다는 일단 일본으로 가보자는 생각이었지요. 당시 저는 왠지 모를 부

담으로 영성신학과 묵상기도를 기피하고 있었기 때문에 오병이어의 말씀을 두고 기도해보려는 시도조차 없었습니다.

하지만 일본에서도 내면의 갈등은 계속되었습니다. 총회파송 일본단기선교사로서 전도사의 신분으로 나름대로 고난을 겪었는데요. 1년 만에 그만두어야겠다고 다짐하기에 이르렀습니다. 가장 근본적이고 내면적인 갈등은 역시나 목회자로 부르심에 대해 확신하지 못하는 것이었어요. 겸손한 사역자가 되게 해달라고 그렇게 눈물을 흘리며 기도했는데, 목회자로 부르심에 대한 확신조차 없이 목회를 해야 한다니... 상상조차 하기 싫었어요. 어정쩡한 상태로 목회자가 되느니 평신도의 자리에서 선교 사명을 감당하는 것이 낫겠다고 생각하기도 했습니다.

그날은 정말이지 모든 게 절망적으로 느껴지는 여성

독신 선교사의 비참한 하루였습니다. 차에 뛰어들어 죽고 싶다는 생각마저 들었습니다. 그렇게 거창하게 일본 선교를 외쳤건만 고작 1년 만에 패배자의 모습으로 돌아가야 하는 현실과 상당수의 선교 후원금을 감당하셨던 부모님에 대한 죄스러움, 이 모든 상황이 저를 더욱 비참하게 만들었습니다.

오병이어

'말씀을 다시 열어보자!' 목회자로서의 사명감을 뒤흔든 오병이어의 말씀, 저는 이 말씀을 외면하고서는 결코 내면의 갈등이 해결되지 않을 것임을 직감했습니다. 그때 마가복음 6장 38절 말씀이 마음에 크게 요동쳐 왔습니다. 무슨 그런 구절에 은혜가 있겠냐 싶은 부분이 제게는 급한 파도와도 같은 생동력 있는 말씀이 되었습니다.

> 이르시되 너희에게 떡 몇 개나 있는지 가서 보
> 라 하시니 알아보고 이르되 떡 다섯 개와 물고
> 기 두 마리가 있더이다 하거늘(막 6:38).

"너희에게 떡이 몇 개나 있느냐." 그 묵상의 현장에 다시 소년이 된 제가 등장했습니다.

> "음, 간호사 면허증, 신학대학원 졸업장, 총회
> 선교사 파송장 이렇게 있는데요."

이전보다 드릴 것이 늘어난 것입니다. 그걸 깨닫는 순간 목회자로 부르심에 대한 의구심은 깨끗이 사라졌습니다. 제게 있는 모든 것을 쓰시겠다는 주님의 대답에 저는 안도의 한숨을 내쉴 수 있었지요.

모든 것이 수포로 돌아갈 위기의 상황에서 목회자로서의 사명감에 대한 확신은 저에게 다시 용기를 주었고 새롭게 도전하는 마음으로 일본에서 신학공부를 하기로 맘먹었습니다. 오병이어의 기적, 이 말씀은 제 인생에 커다란 좌절을 안겨준 동시에 만족스러운 회복을 주었습니다. 어쩌면 이렇게 생각하는 분들도 있을 겁니다. '저 친구는 왜 저렇게 갈팡질팡하지? 심지가 굳지 않네!' 충분히 그럴 만하지요. 신앙에 대한 질문과 해답을 두고 씨름하면서 너무나도 소중한 20대, 30대를 보냈으니까요. 그렇지만 저는 그런 의구심을 떨쳐버리지 못하고서 아무렇지 않게 목회자가 될 수는 없었습니다. 하나님의 말씀이 저를 온전히 붙들지 않는다면 바람결에도 꺾여 날리는 갈대와 같은 모습일 게 뻔했기 때문이지요.

일본의 소책자 「일용한 양식」의
표지에 실린 작품 '오병이어'

물론 말씀을 바르게 적용할 수 있는 능력이 있었다면 그토록 길고 긴 세월을 고민할 필요가 없었을지도 모릅니다. 그러나 저는 감히 확신하고 있어요. 저를 고통스럽게 만든 방황의 시간은 하나님께서 저를 낮추시고 겸손하게 만드시기 위해 사용하신 양약(良藥)이었다는 걸요. 제가 겸손이라는 성품을 배우

YMCA 아시카가시 행사 '연날리기'

기 위해서는 기나긴 터널이 필요했을 테니까요. 하나님께서는 저에게 견디기 어려운 씨름을 경험하게 하심으로 길 잃은 양과 같은 인생을 헤아릴 수 있는 마음을 가르쳐 주셨습니다.

지금 얼마나 많은 사람들이 우울증에 시달리고 있습

니까? 한창 꿈을 향해 달음질하고도 남을 청소년과 젊은이들이 학교나 직장을 그만둔 채 두문불출하며 세상과의 소통을 거부하고 있습니다. 우리는 이들이 단순히 병을 앓는 것으로만 생각해서는 안 됩니다. 모두 나름대로 고통 받는 이유가 있을 테니까요.

암튼 제게 주신 몇 개의 달란트라도 모두 사용하시겠다는 하나님의 약속은 저를 새롭고 강하며 담대하게 해주었습니다. 보리떡 두 개가 아닌, 제게 주신 모든 것을 주님의 나라를 위해 사용하시겠다는 약속은 상하고 굳어진 제 마음을 사르르 녹여주었습니다.

지난 2011년 3월 11일 일본에서 동일본대지진이 일어났습니다. 이 지진은 일본 최악의 지진으로 기록되었습니다. 매년 3월이면 동일본대지진 피해 지역의 복구를 기원하는 YMCA 아시카가시 행사가 열리는데, 이때 연을 날리는 의식과 묵념 시간이 있습니다. 저와 교회

식구들도 함께 가능한 매해 참여하고 있습니다. 비록 그들과 우리가 기도하는 대상은 다를지라도 고난과 역경을 통해 신의 존재를 인식하면서 함께 하늘을 바라보고 기도하는 시간을 가질 수 있었습니다. 일본에도 연날리기가 있다는 것을 그때 처음 알았어요. 저는 하나님께서 제 인생의 고난과 역경도 연을 날리듯 훌훌 날려주시며 날마다 새로운 역사로 이끌어주시리라 믿고 기도하고 있습니다.

새로운 도전

현재 저는 일본기독교단 소속 목사의 사모이자 부목사로서 사역하고 있습니다. 제가 섬기고 있는 교회는 약 15만 명의 인구가 살고 있는 소도시예요. 이곳에는 제가 가진 열정과 신앙을 마음껏 표현하기에는 많은 장애물이 있는데요. 목회자로서 소명을 펼치기 위해 안간힘을 쓰면 쓸수록 비틀어진 한일관계에서 비롯된 비난의 화살이 저를 향해 날아오곤 합니다.

저는 그들의 비난에 맞서지 않고 찬양사역을 하기로 마음먹었지만 웬일인지 그 길마저도 열리지 않았습니다. 일본 찬양사역자의 대부분은 목회나 다른 부업을 병행하는데요. 이분들에게 찬양사역에 관한 조언과 도움을 구하려고 해도 워낙 바쁘게 생활하는 분들이라 좀처럼 기회가 없었어요. 저는 문득 '찬양사역자보다 대중가수의 길이 더 빨리 열릴지도 모르겠다'라는 생각이 들었습니다.

그러던 와중에 저는 아르바이트 자리를 찾기 위해 인터넷 검색을 하다가 신인 연예인 오디션 광고를 발견했습니다. '도전조차 하지 않고 후회하지 말고 떨어진 뒤에 단념하자!' 저는 곧장 오디션을 신청하고 참가했지요. 결과는 어땠을까요? 1년 동안 연예인 지망생 사무실에 소속되는 놀라운 일이 벌어졌습니다. 순식간에 벌어진 일이었어요. 이 일이 하나님께서 제게 주신 길이 맞는지 확인할 틈도 없이 덥석 붙잡게 되었지요. 한창이던 20대 때 모델 스카우트 제의를 받아도 지레 겁먹고 도망갔던 저였는데, 40대가 되어 스스로 연예인 오디션에 참가하다니 아무리 생각해도 어안이 벙벙한 일이었습니다.

연예인 사무실에 정식으로 소속되기 일주일 전, 저는 그제야 고민에 잠겨 기도하기 시작했습니다. 하고 싶은 일이었지만 제 안에 확신이 없었기 때문이지요. 그런데 기도하면서 마음에 변화가 생기더군요. 곰곰 생각해 보니 하나님께서 주신 일이라는 확신이 들었습니다. 숱한 실패와 좌절의 순간마다 주님께서는 저에게 가수라는 꿈을 일깨워주셨다는 것을 깨달았어요.

신기하게도 이 깨달음과 동시에 그동안 잊고 지냈던 서원 기도가 떠올랐습니다. 찬양사역자가 되겠다는 서원이었죠. 사 남매 중 둘째이자 세 자매 중 둘째였던 저는 항상 가족들의 마음을 공감해주며 갈등이 생겼을 때 중재하는 역할을 하곤 했어요. 가족들에게 문제 해결사 역할을 자처했던 저는 가족의 병을 통해 원치 않는 간호학을 선택하고 말았습니다. 그런데 하나님께서는 제가 대학생이 되자마자 일본선교의 비전을 주셨어요. 일본선교를 향한 열정을 품게 되는 순간 더 이상 학업의 자리에서 안주할 수가 없었습니다.

찬양사역자

간호학을 자퇴하고 즉흥곡을 연주하고 작곡하면서 저는, 가수가 꿈이었지만 평생 교사로 지냈던 아버지께 찬양사역자의 삶을 살고 싶다고 고백했습니다. 아버지는 웬일인지 선뜻 그러라고 하셨고, 덕분에 저는 그 약속을 지키기 위해 지금까지 씨름하고 있습니다. 당시 가족들은 자퇴를 반대하며 다른 학과로 전향이라도 하라고 설득했고, 가족들의 성화로 고민하던 저는 처음으로 신학 공부를 생각하게 되었어요. 그 후 찬양사역자가 되겠다던 서원은 까맣게 잊고 말았지요. 간호학을 그만두는 것이 어마어마한 영적 전쟁이었기 때문인데요. 당시 간호사라는 직업은 여성으로서 성공하고 자립할 수 있는 길로 각광받고 있었기 때문에 저의 선택은 이해받기 어려웠습니다. 이해는커녕 이상한 사람으로 여겨질 정도였으니까요.

그렇게 혹독한 자퇴 후유증을 치르고 나니 IMF 사태가 일어났습니다. 가족들의 권유로 저는 간호학과로 재입학을 했어요. 시간만 낭비한 꼴이었지요. 격동적인 20대를 보낸 탓에 저는 자연스레 영적인 부분에 관심이 쏠렸습니다. 하나님의 신실하심을 체험하고 싶었어요. 하나님이 정말로 신실하시다면 서원을 갚으려는 이 작은 자의 기도를 들어주실 거라고 생각했기 때문이에요.

그런 제게 하나님께서는 저의 서원을 일깨워주셨습니다. 저 자신조차 잊고 있었는데 말이죠. 하나님은 찬양을 통해 열방을 치유하고 예배로 인도하고 싶은 저의 소망을 받아주셨습니다. 20대에 품었던 작은 소망이 지금 제 가까이로 성큼 다가왔습니다.

20대 초에 있었던 일입니다. 일본선교의 사명을 받고 처음으로 열흘간 단기선교를 갔어요. 저는 일본에서 방언을 받았고 그쯤부터 즉흥으로 피아노를 연주하게 되었습니다. 즉흥연주는 악보를 보고 연주하는 것보다 훨씬 자유롭고 흥미로웠어요. 많은 분들이 제 연주를 좋아해주었지요. 하지만 제 연주 실력은 남다르다고 할 만큼 탁월하지도 않았고 제가 만든 곡을 기보할 만한 음악성도 없었습니다. 누군가의 도움이 필요한 일이었죠.

결국 찬양사역자의 꿈은 차츰 흐려졌고 어느 순간 잊히고 말았습니다. 이루지 못한 꿈에 대해 아무런 의

문도 가지지 않은 채 말이죠. 저는 가스펠을 등한시하는 일본기독교단 교회에서 가스펠을 통해 목회하고 전도하는 것으로 만족했습니다. 저보다 훨씬 음악에 소질이 있는 사람들을 발굴해 교회와 연결시켜 주면서 찬양사역자들을 세워주는 사역이 제가 나아가야 할 방향이라고 생각했으니까요.

굶주린 마음

그러던 어느 날 제 인생에 또 다른 위기가 찾아왔습니다. 바로 암이라는 녀석이죠. 저는 이 녀석을 통해 잔뜩 굶주린 제 마음과 직면하게 되었어요. 자유롭게 하늘을 나는 새처럼 훨훨 날고 싶은 마음, 드넓은 세상에서 마음껏 꿈을 펼치고 싶은 소망을 발견했습니다. 낯선 일본 땅에서 적응해내는 동안 눌려있던 제 안의 열정이 저를 흔들어 깨웠습니다. 그냥 이대로 살다가는 또다시 병마에 시달릴 것만 같았어요. 이전까지만 해도 신앙적 소명을 위해 개인의 꿈은 얼마든지 버릴 수 있어야 한다고 생각했는데 그게 아니었습니다. 하나님께서는 저에게도 얼마든지 꿈을 표현할 수 있는 자유를 주셨고, 그 소망이 결코 선교적 사명과 동떨어진 것은 아니라고 생각하게 되었습니다.

대개 '선교사'라고 하면 목회자의 모습을 떠올리는 경향이 있는데요. 선교에 대해 좁게만 생각할 필요는 없다는 것을 깨달았습니다. 주님은 제 모습 그대로를 원하셨어요. 어린 시절 사람들 앞에서 노래 부르고 재롱떨기 좋아하던 타고난 제 모습 그대로를 말이에요. 사실 선교지에서 현지인들과 소통하는 것은 여간 어려운 일이 아닙니다. 이때 일부러 자신을 포장하며 굳이 다른 사람이 될 필요는 없어요. 하나님께서 디자인하신 나의 모습으로 충분히 사명을 감당할 수 있는 것이지요.

처음 일본선교의 사명을 받았을 때는 저를 변화시키려고 몸부림쳤습니다. 하나님께서 주신 사명을 감당하려면 이전과는 다른 사람이 되어야 한다고 착각한 거죠. 지금 생각해 보면 그럴 필요가 없었어요. 왜냐하면 굳이 우리 자신이 안간힘을 쓰지 않아도 하나님께서 우리 한 사람, 한 사람을 계속해서 다듬어 가시기 때문입니다. 주님의 뜻을 이루시기 위해서요.

동역자를 보내주시는 것 또한 마찬가지입니다. 교회의 찬양밴드 멤버 중 성악을 전공한 오노 씨는 제가 리듬감을 익히고 일본어 가사를 자연스럽게 부를 수 있는 방법을 가르쳐주었어요. 제 남편도 매우 귀한 동역자인데요. 남편은 저보다 먼저 작사와 작곡을 독학으로 터득했는데 컴퓨터 프로그램으로 악보 그리는 방법을 가르쳐 주었어요.

하나님께서는 한 사람을 부르실 때 그 사람에게 처

음부터 모든 것을 완벽하게 갖추는 것을 허락하지 않으십니다. 교회 공동체가 한마음으로 협력하게 하시지요. 주님은 이제 막 믿음을 얻은 초신자도, 평소에는 저의 자질구레한 일에 그리 협조적이지 않던 남편도 협력하게 하셨습니다. 그뿐만 아니라 작곡, 작사 활동을 시작하자마자 포항기쁨의교회를 통해 칠포국제찬양축제(팡팡프레이즈페스타) 무대에 오르게 해주셨지요. 언제나 제 등 뒤에서 저를 지키시고 돌보시며 끊임없이 일하시는 하나님께 감사와 영광을 올려드립니다.

> 너희 안에서 행하시는 이는 하나님이시니 자기의 기쁘신 뜻을 위하여 너희에게 소원을 두고 행하게 하시나니(빌 2:13).

1부 창의의 이유

하지마!
재희

第二章
日韓関係の小話

2부
한일관계의
이모저모

넘기 어려운 벽, 일본선교

이제부터는 일본선교의 비전에 대해 좀 더 깊이 이야기해 보려고 합니다. 제가 20대부터 일본선교를 생각했다고 하면 혹자는 일본 애니메이션이나 영화, 노래 등을 좋아하다가 일본을 각별하게 생각하게 된 거냐고 물을지도 모르겠습니다. 그런데 저는 그전까지만 해도 일본에 대해서는 전혀 관심이 없었어요. 1994년 인격적으로 예수님을 만나 영접하면서 저는 평생 선교사로 살기로 결단했습니다. 그 이듬해 수련회에서 제 선교지가 어디인지 알려달라고 기도드렸을 때 하나님께서는 그곳이 일본이라는 감동을 주셨어요. 이렇게 해서 일본을 선택했습니다. 특별히 일본을 사랑해서가 아니라 사명감 하나로 일본에 왔고 하나님의 인도하심에 따라 일본인과 결혼을 했습니다. 하나님께서 보내셨으니 저에게 한일 양국 간의 갈등은 전혀 문제될 게 없다고 생각했습니다.

그러나 현실은 그렇지 않더군요. 한국인이 일본에서 목회를 한다는 것은 그야말로 첩첩산중이었어요. 그 원인은 단순히 식민 지배국과 피지배국이라는 역사적 배경 때문만은 아니었습니다. 무엇보다 문화의 차이가 너무 컸습니다. 두 나라는 지리적으로도 매우 가깝고 사람들의 생김새만 보면 같은 민족이라고 착각할 정도로 닮았지요. 하지만 말의 어감이 다르기 때문에 자칫하면 오해를 받기 십상입니다. 사소한 말실수로 어마어마한 파장을 불러일으킨 적도 있었지요. 저는 나쁜 의도가 없었다고 진심을 다해 오해를 풀려고 했지만 사람들의 반응은 냉랭하기만 했습니다. 정말 난감했어요.

어떤 경우에는 교회 출석을 잘하다가도 한일관계가 나빠지면 예배에 나오지 않는 분들도 있습니다. 지난 2014년 온 국민의 가슴을 아프게 했던 '세월호 사건'이 발생했을 때였어요. 갑자기 예배에 오지 않는 성도가 있어서 무슨 일이 있는지 전화를 했는데 그분은 제게 대뜸 이렇게 말했습니다. "당신은 한국인이 아니라고 생각합니다." 하지만 저는 그 말 속에 담긴 한국에 대한 어마어마한 분노를 느낄 수 있었어요. 이처럼 한국인 목회자인 저는 종종 한일관계의 여파에 시달리곤 합니다.

저는 2015년 목사 안수를 받을 즈음해서 소속 교단인 일본기독교단에 '하지마 재희'로 이름을 등록했습니다. 일본 사람이 되기 위해서가 아니라 일본선교에 쓰임받기 위해 준비한 것입니다. 한일관계를 반영해 볼 때 일본이 받아들이기 쉬운 편을 선택한 것이지요. 현재 한국과 일본의 갈등은 매우 심각합니다. 2019년 7월 1일 일본이 한국에 대한 수출통제 조치를 발표한 이후, 한일관계에 관해 거론하면 일본인들 또한 '최악'이라는 표현을 하고 있는데요. 정치적 상황이 개개인의 생활과 현실에까지 직접적인 영향을 미치게 되는 위기의 상황에 직면해 있습니다.

일본 기독교공조회 100주년과
대한민국 3.1운동 100주년

일본 기독교공조회는 올해 100주년을 맞이하는데요. 저는 우리나라도 3.1운동 100주년을 맞이한 만큼 의미가 있다고 생각해 기독교공조회에 인터뷰 요청을 했고, 부위원장인 이시카와 씨는 흔쾌히 수락해 주었습니다.

기독교공조회는 '기독교 문화에 대한 사명'과 '문화 대 기독교의 문제'를 위한 활동을 하고 있습니다.[1] 일본에서 시작된 초교파 단체이지만 초창기부터 한국과 관계가 있었다고 해요. 일본으로 유학을 온 이인화 목사를 비롯한 여러 한국인들과 함께 성경 공부를 한 사람들이 기독교인이 되었지요. 이후 1960년대에 이르자 기독교

---

[1] 공조회 홈페이지 참조 www.kyojokai.com

공조회 멤버는 와다 다다시 선생을 중심으로 한국에 사죄를 하러 옵니다. 그들은 연세대 강연에서 신학생 윤종탁을 만납니다. 그(윤종탁)의 아버지는 일본의 박해로 청력을 잃어버렸기에 일본을 추호도 용서할 수 없다는 마음을 먹고 있었습니다. 그는 말뿐의 사죄가 아니냐며 반항하는 듯이 자리에 앉아 있었습니다. 그러나 와다 선생의 강연이 마친 후에 윤종탁은 오히려 눈물을 흘리며 사죄하러 갑니다.

윤종탁은 자신의 굳어진 마음, 용서하지 못하는 마음을 사죄했습니다. 이 사건이 기독교공조회 안에서 한일 간의 교류가 시작되는 계기였어요. 이후 신학생 윤종탁은 목사가 되었습니다. 진심으로 자신들의 잘못을 사죄하러 온 기독교공조회와 그들의 마음을 받아준 윤종탁 목사의 용서가 여러분의 가슴에 전해졌으면 해요.

일본선교의 가능성을 발견하다

이 책을 쓰면서 저는 일본선교의 또 다른 가능성을 보았어요. 바로 일본의 문화적 측면에서 발견한 가능성입니다. 일본은 에도시대에 약 230년간 천주교를 박해했어요. 영화 사일런스의 원작이기도 한 엔도 슈사쿠의 소설 '침묵'은 당시의 상황을 가늠해 볼 수 있는 혹독한 박해 상황을 그리고 있지요. 그런데 놀라운 사실이 있습니다.

당시 지배층이었던 사무라이 중에는 천주교인이 상당수였다는 거예요. 사무라이라고 해서 모두 천주교를 박해한 것은 아니라는 거죠. 어떻게 보면 그들을 통해 천주교 문화가 어느 정도 정착되었습니다. 일본선교가 문화적 측면에서 접근하기 쉬운 것은 바로 이런 이유에서입니다. 사무라이 지배층이 문화를 형성할 때 사무라이 정신뿐 아니라 천주교 문화의 기반을 만들어 놓았어요. 일본인들은 기독교 문화에 대한 관심이 높은 편입니다. 교회에 다닌 적이 없는 사람들도 성경 속에 등장하는 인물에 대해서는 속속들이 아는 사람도 많죠. 이들의 관심이 신앙생활로 이어지는 것은 쉽지 않아 보이지만, 비교적 익숙한 기독교 문화를 통해 이들이 교회 안으로 발걸음을 옮기는 계기를 만들 수가 있습니다.

저희 부부는 가스펠을 사역의 도구로 사용하고 있습니다. 가스펠 덕분에 교회에 처음 오는 분들이 있어요. 한 전통적인 일본기독교단에서 "일본인들은 신앙생활 약 3년이면 그만둔다는 통계가 있다"[2]고도 하지만, 가스펠 사역을 통해서 3년 이상 교회에 출석하는 분들도 있습니다.

일본 땅에도 예수님께 온전히 사로잡히는 그리스도

---

2 https://www.revival.co.jp/rj/legwork-diary/2009/10/post-19.php

인들이 날마다 더해지기를 두 손 모아 기도합니다. 일본 섬들이여, 주를 앙망하리라!

> 곧 섬들이 나를 앙망하고 다시스의 배들이 먼저 이르되 먼 곳에서 네 자손과 그들의 은금을 아울러 싣고 와서 네 하나님 여호와의 이름에 드리려 하며 이스라엘의 거룩한 이에게 드리려 하는 자들이라 이는 내가 너를 영화롭게 하였음이라(사 60:9).

하지마!
재희

第三章
日韓関係の回復と使命

3부
한일관계의
회복과 사명

일본선교를 응원해 주었으면

한국 사람이 일본에서 선교하겠다고 하면 마냥 박수를 보내는 사람은 없습니다. 오히려 가족들을 비롯해 많은 사람들이 반대를 하죠. 저도 경험했고 주변 분들의 경험이기도 합니다. 일본의 식민 통치에 대한 울분이 사람들의 영적 지각을 가리기 때문이에요. 그런데 하나님이 보시는 한국과 일본은 어떨까요?

하나님의 시선에서 보면 세상 어느 나라도 전도하지 않아야 하는 곳은 없습니다. 만약 여러분 주위에 일본선교에 비전을 받은 누군가가 있다면 "다른 나라이면 더 좋겠는데"라고 말하지 않았으면 해요. 그렇다고 모든 기독교인이 일본선교를 하라는 말도 아니에요. 하나님이 부르시는 곳이라면 어느 나라, 어느 민족도 소중합니다. 다만 일본선교의 비전을 받은 사람이 있다면 그가 더 풍성한 열매를 맺을 수 있도록 응원해주었으면 좋겠어요. 이들은 한일관계에서 오는 무거운 짐을 등에 업은 채 오직 하나님의 부르심에 순종하는 자들이니까요.

동시에 일본선교에 대한 우리의 자세도 새로워질 필요가 있어요. 현재 일본으로 파송된 한국인 선교사는 천여 명에 가깝습니다. 그런데 왜 일본 교회는 한국 교회와 동떨어져 있는 걸까요? 왜 일본에는 시무 목사가 없는 무목 교회가 많을까요? 일본 교회로 가는 선교사가 별로 없기 때문이에요.

일본에 와서도 한국 교회를 찾거나 대도시에 있는 교회를 찾는 목회자나 선교사도 적지 않습니다. 우리는 일본의 무목 교회들이 거룩하고 바르게 성장할 수 있도록 그들의 필요를 돌아보아야 해요. 비록 한일관계의 회복이 더디더라도 일본을 향한 하나님의 부르심에 한 사람, 한 사람이 순종하고, 또 그 부르심에 순종하는 자들을 응원하고 도와야 합니다.

일본선교의 열쇠는 한국에

저도 아직 일본선교의 정답을 가지고 있지는 못합니다. 다만 새로운 차원의 도전과 승리를 위해서 한 가지 의견을 나누고 싶어요. 일본선교가 어렵게만 느껴지는 이유 중 하나는 일본에서도 한국의 방식을 고수하려는 태도가 아닐까 합니다. 저는 일본의 문화와 방식을 존중해 주어야 한다고 생각합니다.

'로마에서는 로마의 법을 따라야 한다'는 말이 절묘한 표현인 것 같아요. 한국인과 일본인은 생김새는 비슷하지만 그 문화의 차이는 상당히 다릅니다. 그것을 염두에 두지 않고 한국의 선진 기독교를 주입하려고만 하면 일본선교의 문은 열리지 않을 거예요. 일본은 한국보다 더 오랜 기독교 역사와 박해가 있었기에 그들 나름대로 신앙을 몸으로 익힌 문화가 있어요. 그래서 더 조심스럽게 접근해야 하죠.

우리는 단지 일본이라는 나라만을 보는 것이 아니라 '일본이라는 영적 세계'를 보아야 해요. 일본에는 이단이 넘쳐납니다. 이들은 매우 영리하게 네트워크를 형성하고 있어요. 정치, 경제, 교육, 문화 등 다방면에서 유능한 인재를 기르고 있죠. 게다가 정부가 인정하는 18만 개 이상의 종교단체가 왕성하게 활동하고 있습니다. 이토록 종교의 자유를 누리면서도 기독교인은 단 1퍼센트밖에 되지 않는 현실을 과연 누가 깨뜨릴 수 있을까요? 저는 기독교인이 약 천만 명에 육박하는 대한민국이 그 열쇠를 가지고 있을지도 모른다고 감히 말하고 싶습니다.

선교대국이 된 한국이 이웃나라 일본에는 아무런 영향을 미치지 못한다면 천국 가서 하나님께 뭐라고 대답할 수 있을까요? 주님은 단지 파송된 선교사 수로 만족하지 않으실 거예요. 우리는 마음을 다하고, 힘을 다하여 선교의 본질을 회복해야 합니다.

동경역

저는 동경역의 고전적인 풍경에 감탄하곤 합니다. 더욱 놀라운 건 그 고풍스러운 풍경이 높은 현대식 빌딩과 함께 또 다른 세계를 연출하고 있다는 점이에요.

이처럼 일본은 이질적인 조합을 자연스럽게 소화해내는 흡수력이 있죠. 이런 나라가 기독교 문화는 거부하지 않으면서도 기독교 신앙을 멀리하고 있으니 아이러니합니다. 기독교 신앙의 문을 여는 열쇠를 한국이 가졌다면 여러분은 어떻게 하시겠습니까?

일본 사랑 = 하나님 사랑

마가복음 12장 28-31절에는 하나님을 사랑하는 방법이 나옵니다.

> 서기관 중 한 사람이 그들이 변론하는 것을 듣고 예수께서 잘 대답하신 줄을 알고 나아와 묻되 모든 계명 중에 첫째가 무엇이니이까 예수께서 대답하시되 첫째는 이것이니 이스라엘아 들으라 주 곧 우리 하나님은 유일한 주시라 네 마음을 다하고 목숨을 다하고 뜻을 다하고 힘을 다하여 주 너의 하나님을 사랑하라 하신 것이요 둘째는 이것이니 네 이웃을 네 자신과 같

이 사랑하라 하신 것이라 이보다 더 큰 계명이 없느니라(막 12:28-31).

본문 말씀을 자세히 보면 아시겠지만 '하나님 사랑'과 '이웃 사랑'은 쌍둥이와 같은 관계입니다. 헬라어 원문으로 보면 본문에 나오는 '둘째는'이라는 단어는 접속사도 관사도 없이 기록되어 있어요.[1] 첫째와 둘째는 다른 차원의 말이 아니라는 의미입니다. 쌍둥이를 임신한 어머니는 하나만 낳고 아이를 다 낳았다고 볼 수 없어요. 둘을 모두 낳아야 하는 거죠. 마찬가지로 '하나님 사랑'과 '이웃 사랑'은 연달아 나오는 열매입니다. 이중 하나만으로 사랑이라 말할 수 없다는 거죠.

예수님은 이스라엘에서 사역하시면서 이스라엘과 대적 관계인 사마리아인도 사랑으로 섬기셨습니다. 또

---

[1] Robert H. Gundry. *Mark : a commentary on his apology for the cross*.(Wm.B. Eerdmans Publishing Co.,2004. 1993first), 711.

어느 율법교사로부터 "내 이웃이 누구입니까?"라는 질문을 받으셨을 때도 그가 스스로 "자비를 베푼 사마리아인"이라고 대답하게끔 유도하셨어요. 원수도 사랑하라고 하신 거예요.

우리는 주님께서 명하신 '하나님 사랑'과 '이웃 사랑'을 잘 실천해야 합니다. 저는 일본에서 '일본, 나쁜 놈들!'이라는 생각을 가슴에 품고 사역하는 사람들을 적지 않게 봤어요. 국내에서도 관계 중심의 전도가 아니면 먹히지 않는 시대를 살고 있어요. 하물며 언어도, 문화도 다른 사람들과 관계를 맺지 않고 전도할 수 있을까요? 그들에게 사랑과 섬김은 걷어낸 채 복음만 전하겠다는 것은 지혜로운 생각이 아닙니다.

일본을 나 자신처럼 사랑할 수 있다면

그렇다면 예수님께서 제시한 '이웃 사랑'은 어떤 사랑을 의미하는 것일까요? 주님은 '하나님 사랑'을 명하실 때와 달리 '이웃 사랑'을 명하실 때 "마음을 다하고 목숨을 다하고 뜻을 다하고 힘을 다하여 사랑하라"고 하지 않으셨어요. "이웃을 네 자신과 같이 사랑하라"고 하셨죠. 이웃에 대한 사랑은 좀 더 구체적으로 표현하셨습니다.

목회자로서 장례예배를 집례할 때 이 말씀에 대해서 묵상할 기회가 있었어요. 누군가 세상을 떠났을 때 가장 슬퍼하는 사람은 고인의 남편 혹은 아내입니다. 홀로 지내다 생을 마감하는 경우 장례식에서 울음바다의 분위기가 연출되는 경우는 드뭅니다. 일본은 보통 이럴 때 매우 조용한 분위기가 감돌죠. 부부가 사별했을 때 느끼는 고통과 슬픔은 그만큼 큽니다. 부부는 한 몸이기 때문이에요. "네 이웃을 네 자신과 같이 사랑하라"는 말씀을 좀 더 현실적으로 구체화시켜 보면 "네 이웃을 네 남편(아내)과 같이 사랑하라"로 바꿀 수 있어요. 좀 더 이해가 쉽죠? 주님은 우리에게 장례식장에서 목 놓아 울어버리게 되는 관계. 그러한 사랑을 품으라고 하셨어요.

그렇다면 우리는 정말 일본을 진정으로 사랑할 수 있을까요? 원수 같은 이웃나라를 위해 목 놓아 울어줄 수 있을까요? 결혼한 부부들은 농담반 진담반으로 "원수가 집안에 있다"고 말하기도 합니다. 하지만 그 원수를 마냥 미워할 수만은 없어서 또다시 용서하고 사랑하고 용납해요. 한배를 탔기 때문이에요. 상대방을 용서하고 사랑해야 그 사람도 살고 나도 살기 때문입니다. 한일 간의 갈등이 불거져 있는 시점에 두 나라의 관계를 부부에 빗대어 마음이 불편한 분들도 있을 겁니다. 충분히 이해할 수 있어요. 저 역시 그리 마음이 편하지만은 않으니까요. 하지만 그리스도인은 분명 일본을 사랑할 수 있어요.

일본이 진저리날 정도로 밉고 싫더라도, 그 나라가 나의 배우자라고 생각하면 용서할 수 있습니다. 원수 같은 남편이나 아내가 변화되기를 바라면서 탄식하고 기도하는 분들, 그리고 마침내 그 배우자를 예수님의 사랑으로 용서하고 사랑하기에 이르는 분들을 얼마든지 찾아볼 수 있으니까요.

그럼에도 불구하고

"당신 말투가 그게 뭐야?" 이 말은 결혼 후 일본인이자 목회자인 남편과 말다툼을 할 때 가장 많이 들었던 말 중 하나입니다. 남편은 제가 그리 대수롭지 않게 뱉은 한마디에도 부정적인 의미가 담겨 있다며 핀잔을 주곤 했어요. 이 말을 수없이 듣고 살아도 저는 늘 똑같은 문제에 부딪히곤 합니다. 부부가 사랑하는 마음을 토대로 8년째 함께 살아도 매번 같은 문제에 직면하는 것을 경험하면서 깨달았어요. 문화와 언어의 차이는 쉽게 극복할 수 없다는 걸요.

그러니 한일관계는 오죽할까요. 하루아침에 아무 일도 없었던 것처럼 감정적 문제가 깨끗하게 해결되기는 어려워요. '그럼에도 불구하고' 우리는 일본을 사랑할 수 있습니다. 일본선교라는 이웃 사랑은 단순히 적대감이나 불편한 감정을 지워야 한다는 의미가 아니에요. 그냥 가족이 되어보라는 뜻입니다. 아내처럼, 남편처럼 모든 허물이 다 보여도 감싸 안으라는 말입니다. 이러한 사랑을 실천한다면 본격적인 추수의 때는 시작될 거예요. 우리가 가정 안에 서로의 허물을 사랑으로 덮어주듯이 일본의 허물을 사랑으로 감싸주는 겁니다.

일본을 향한 이웃 사랑의 실천은 한국 교회를 세계를 이끄는 영적 추수꾼으로 세우게 할 것입니다. 우리는 지금까지 용서하지 못하는 상한 심령을 소유하고 있었어요. 물론 그만한 이유가 충분히 있었지요. 하지만 '그럼에도 불구하고' 우리는 이웃 사랑을 실천해야 해요. 주님의 보혈이 능력을 발휘할 수 있도록 말이에요.

> 그때에 베드로가 나아와 이르되 주여 형제가 내게 죄를 범하면 몇 번이나 용서하여 주리이까 일곱 번까지 하오리이까 예수께서 이르시되 네게 이르노니 일곱 번뿐 아니라 일곱 번을 일흔 번까지라도 할지니라(마 18:21-22).

저는 이 글을 읽는 한국 교회 성도들에게 다시 한번 간곡히 부탁드리고 싶어요. 적대적 관계로 치달은 한일 관계를 등에 업고 기독교 불모지라 불리는 일본 땅에서 고군분투하는 수많은 일본 선교사들을 위해 하루에 한 번이라도 기도해 주시기 바랍니다.

이어지는 4, 5부에서는 제가 작사 작곡한 곡과 자작

시를 실었습니다. 한국적 어감과 정서와 다를 수 있지만 미묘한 그 차이를 느끼며 읽으시면 더 재미있을 거에요. 한일관계의 간극을 찬양과 시와 같은 문화적 매개체로 매웠으면 하는 바람입니다.

하지만
계희

第四章
讃美によって生き返らされる

4부
찬양으로
거듭나리라

1. 静かな声

波と風、ひょうなのか

日々に立ち止まらない暗闇

空色の風船浮かぶ　夢与え

船に乗って　辿る道

ひとりじゃない　静かな声

涙含む　道なのか

確かな夢を抱き　旅に行こう

静かな声を聞き

手を合わせ、仰ぎ見る

波に乗って　辿れるところへと

旅しよう

조용한 음성

파도와 바람, 먹구름일까

매일 몰아닥치는 어두움

하늘색 풍선 둥실거리는 꿈 갖고

배를 타고 도달하는 길

혼자만 아니야 조용한 음성

눈물 머금은 길일까

확실한 꿈을 붙잡고 여행 가요

조용한 음성 듣고

손을 모아 위를 보네

파도를 타고 올라가 보리라

여행 가자

20대 초반에 일본선교의 사명을 받고 엄청 들떠 있었어요. 그러나 그 시작에는 온갖 고난과 비난과 조롱이 가득했죠. 한 고비를 넘기면 또 다른 고비가 저를 맞이했습니다. 너무 버거운 나머지 슈퍼에 장을 보러 가다가도 눈물이 나고 길을 걷다가도 울어 버렸어요. 그럼에도 꿈은 그 많은 풍파를 견딜 수 있도록 저를 붙들어 주었어요. 하나님께서는 혼자 내버려진 것 같은 순간에도 조용한 음성으로 저를 격려하셨어요. 그 음성에 힘입어 주님께서 제게 주신 소명은 흔들리지 않을 수 있었습니다.

1절 가사는 아직 선교 여정을 시작하기 전과 선교지 초반기의 부푼 마음을 묘사했습니다. 2절은 선교지의 우여곡절을 겪으며 조금씩 자아가 깨어지고 부서져 가는 과정 속에서 비전을 품는 모습을 그렸습니다. 홀홀단신의 선교지에서 도리어 이국 땅 문화 속 일부분으로 동화되는 모습이 담겨 있습니다.

일본에서 일본인 남편을 만나 결혼하고 어렵게 사랑스런 딸까지 낳게 되었습니다. 가족과 함께 이국 땅 문화의 일부가 되는 과정에서 일본인의 가족 행사를 몸소 체험하게 되었습니다. 일본의 753(시치고상)이라고 불리는 행사인데요. 이때 가족과 함께 사진을 찍었습니다.

여자아이는 만 7살, 3살에 남자아이는 만 5살에 축하의 의미로 기모노를 입히고 사진을 찍습니다. 우리는 신사에는 안 가고 사진관만 들렀습니다. 일본의 경우 결혼식이 생략되는 경우가 많은 편입니다. 그래서 여자아이로 태어나 결혼식 말고 시치고상과 같이 이쁘게 치장하고 사진 찍는 일이 많아진 것이 아닌가 생각한 적도 있었습니다. 시치고상 사진 촬영을 직접 경험하기 전에는 성도로부터 시치고상에 대한 상담이 들어와도 무슨 말인지 이해를 못하고 신사에서 사진 찍어도 괜찮다고 전했던 기억이 있습니다. 그러나 혹 신사에서 행해지는 [시치고상 모우데]라고 하는 종교의식에 참여하게 된다면 기독교인으로서는 추천할 일이 아님을 알게 되었습니다.

> 사랑하는 자들아 거류민과 나그네 같은 너희를 권하노니 영혼을 거슬러 싸우는 육체의 정욕을 제어하라 너희가 이방인 중에서 행실을 선하게 가져 너희를 악행한다고 비방하는 자들로 하여금 너희 선한 일을 보고 오시는 날에 하나님께 영광을 돌리게 하려 함이라(벧전 2:11~12).

일본의 753 어린이 성장을 축복하는 풍습 (딸 3살 기념)

静かな声

作詞作曲 JaeHee Hajima

2. 暖かい日差し

冬の暖かい日差し

良い気持ちになるのね

世の空気が少し変わっても

人の顔が違っても

暖かい手がついているのか

冷えた手先もとけていく

かたくなな心も砕いてくれればと

待ちにまっている

長く続く列　触ってみよ

こっていないけれど動こうとしない

大いなる御手だけが真の日差し

따스한 햇살

겨울의 따스한 햇살
고맙고 좋은 따뜻함
세상의 분위기 좀 달라져도
얼굴 색이 좀 달라도
따스한 손이 붙어있는 걸까
씨린 손끝도 녹아버리네

굳게 닫힌 마음 깨어 부수려고
길게 줄지어 기다리네
저 기다란 줄을 만져보세요
얼지 않았지만 움직이려 하지 않아
크신 주님의 오른손만이 참 따스한 햇살

일본의 소도시 아시카가시에 살고 있는 저는 장롱 운전면허증을 극복하고 운전할 기회가 잦습니다. 덧붙여 일본에서는 장롱 면허증 소지자를 [페이퍼 드라이바]라고 불러요. 서류상으로만 운전면허증을 가진 자라는 말이지요. 여기서 영어 발음표기가 한국과 다른 것을 알겠지요?

일본 생활에서 외국인이 적응하는 데 어려움 중에 하나가 일본인은 일본식 영어발음으로 정착된 영어를 사용한다는 것입니다. 아는 영어 단어인데도 다르게 발음해서 언어 소통에 고생을 하는 경우가 허다하답니다.

운전하면서 느끼는 햇살은 참 강렬할 때가 많아요. 겨울이 와도 여전히 따뜻한 햇살로 찬 기운을 녹여버리네요. 이때 느끼는 안도감은 무엇과도 비교 못하는 것. 하나님이 사람들에게 주시는 한없는 선물 중의 하나. 운전하면서 가사의 첫 부분이 연상되어 적어 내려갔습니다.

아시카가시 어린이 놀이터 풍경

2월의 풍경입니다. 한 겨울이지만 햇살이 아주 따뜻하네요.

> 이같이 한즉 하늘에 계신 너희 아버지의 아들이 되리니 이는 하나님이 그 해를 악인과 선인에게 비취게 하시며 비를 의로운 자와 불의한 자에게 내리우심이니라(마 5:45).

暖かい日差し

作詞作曲 JaeHee Hajima

暖かい日差し

3. Sky Tree

Sky Sky Tree
そらそら　空まで
とどきたい
高　高　高い とどくかも
ほしほし　星まで
とって欲しい
歩き　まわり
とり放題
世界　世界　世界に
誇る　Sky Sky Tree

天　天　天まで
とどけたい Sky
神　神　神まで
共にしてしまえ
叫ぼう、御耳に向かい　主へ
祈り放題　永遠に
います　アバ　アバ
父　アバ

스카이트리

스카이 스카이트리
하늘 하늘 하늘까지
닿고 싶다
높이 높이 높이 닿을지도
별 별 별까지
잡아 버려야지
걷고 돌고
맘껏 가지기
세상 세상 세상의
자랑거리 스카이 스카이트리

천국 천국 천국까지
전해 주고파 Sky
주님 주님 주님께
함께 있어 버릴래
소리질러 주 귓가 향해 주여
맘껏 기도해 영원히
계신 아바 아바
하나님 아버지

한국에 다녀오는 길에 도부센의 스카이트리역에 들렀어요. 아마도 그날은 5월 2일이었을 거예요. 일본은 천황이 바뀔 때마다 연호가 변합니다. 황태자 나루히토 일왕이 5월 1일에 일본의 제126대 일왕으로 즉위하면서 '레이와(令和)'를 새 연호로 쓰게 되었는데요. 스카이트리도 레이와 원년 이벤트로 화려하게 장식되어 있었어요.

도쿄의 랜드마크인 스카이트리는 634m 높이의 전파탑이에요. 성경에 나오는 바벨탑을 연상시킬 만큼 하늘을 향해 높이 솟아올라 있죠. 사람이 지은 건축물 중에는 세계에서 두 번째로 높다[1]고 하니 어마어마합니다. 스카이트리는 2020년 동경올림픽에서도 관광객의 주목을 끌 장소인데요. 언젠가 스카이트리를 방문하는 사람들에게 예수님의 향기를 전하고 싶은 마음에 이 곡을 만

---

[1] https://ko.wikipedia.org/wiki/%EB%8F%84%EC%BF%84_%EC%8A%A4%EC%B9%B4%EC%9D%B4%ED%8A%B8%EB%A6%AC

스카이트리의 야경. 탑의 윗 부분에 [레이와 원년]이 적혀져 있어요.

하지마! 재희

스카이트리 사진을 벽에 잘 표현하여 마치 건물에 메달려 있는 듯한 효과를 연출하였습니다.

들었습니다.

가사에 등장하는 '별'은 스카이트리의 마스코트인 별 모양의 '소라짱'에서 아이디어를 얻은 거예요. 하늘에 도달하려는 갈망, 마음껏 별을 따고 싶은 꿈, 여기에서 더 나아가 하나님을 만나기를 갈망하며 마음껏 기도해 보자는 노래입니다. 명랑한 멜로디와 가사에 맞춰 유쾌한 CCM을 만들어 보았어요.

> 할렐루야 하늘에서 여호와를 찬양하며 높은 데서 그를 찬양할지어다 그의 모든 천사여 찬양하며 모든 군대여 그를 찬양할지어다 해와 달아 그를 찬양하며 밝은 별들아 다 그를 찬양할지어다(시 148:1-3).

스카이트리역 근처의 소라짱 캐릭터 동상 앞에서 한 컷입니다.

레이와 원년과 어린이날을 맞아 대대적인 코이노보리(鯉のぼり) 장식을 한 행사장

Sky Tree

作詞 JaeHee Hajima
作曲 JaeHee Hajima

Sky Tree

4. 導きたまえ

導きたまえ
最善の道を
あなたの時、あなたのいる道へと
もう走らなくても
飛ばさなくても
あなたが良しとする道
そこにその時が
わがベスト
導かれ　ハレルーヤ

인도하소서

우릴 인도하소서
최선의 길로
당신 주의 날, 아바 아버지가 있는 길로
이제 달려가지 않아도
뛰어들지 않아도
당신이 좋다고 하는 그 길
거기에 그 때가
내겐 최고야
인도받아요 할렐루야

악보의 처음과 끝에 반음씩 차례대로 내려오는 멜로디가 있지요? 다양한 각도에서 임재하시며 일하시는 하나님의 모습을 나름대로 표현해 본 거랍니다.

저희 부부에게 이렇게 귀여운 딸이 있다는 것은 하나님의 기적이며 인도하심입니다. 임신하기 전 저는 난소농종과 자궁근종으로 수술한 경험이 있었고, 남편은 불임이라는 판정을 받은 상황이었어요. 의사는 아이를 가질 수 있는 방법은 정밀 체외수정뿐이라고 했죠. 심지어 고난도의 기술이 요구되고 거액의 치료비가 든다고 했어요.

결국 저희는 의술을 이용해 아이를 가지는 것을 포기하고 기도에 전념했어요. 매일 아침 기도 시간에 아기를 갖게 해달라고 기도했습니다. 그리고 바로 그해 자연임신이 되었어요. 의학적으로 불가능에 가까운 일이 기도의 은혜로 허락되었습니다. 저희에게는 더할 나위없는 간증이었죠. 그러나 다시 암담한 현실과 마주해야 했어요.

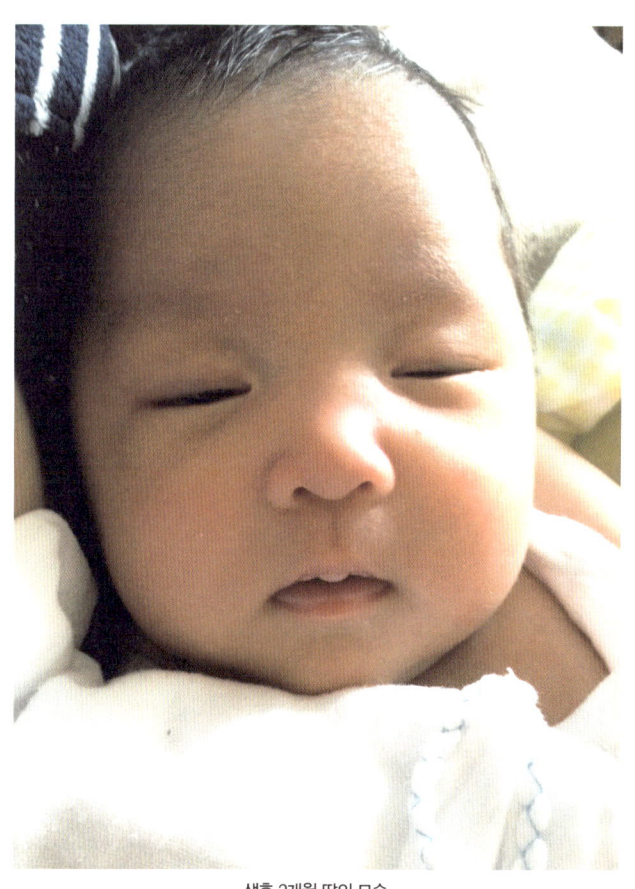

생후 2개월 딸의 모습

임신 후 남편은 고환암 1기 판정을 받았고, 딸이 두 살 때 저는 난소암 판정을 받았습니다. 당시 고령 출산에, 이국에서 맞이한 육아는 여러 모로 버거웠어요. 그런데 어느 날 둘째가 생긴 건가 착각할 정도로 배가 불러 왔어요. 산부인과 검진 결과 난소암일지도 모른다고 했습니다. 난소암은 재발이나 전이가 쉬운 편이라 1기라고 하더라도 수술 부위가 광범위하다는 말도 덧붙이더군요. 수술하기로 맘먹고 수술 날짜를 기다리기까지의 시간은 하루하루가 불안의 연속이었어요. 의사는 암일 확률이 99퍼센트라고 했지만 그럼에도 저는 암이 아니기를 바랐어요.

수술 날짜를 잡고서 일주일 동안 밤마다 잠자리에 누워 부어오른 배를 붙잡고 몇 시간씩 기도했습니다. 그러던 어느 날 밤 기도하고 있는데 배 속에서 작은 칼날이 무언가를 두 번이나 잘라내는 느낌이 들었어요. 저는 '혹시 암 덩어리가 떨어진 건가?'라고 생각하기도 했지만 여전히 암 덩어리가 잡히더군요. 다만 그 느낌이 사뭇 다르다고 느꼈습니다.

수술 결과 의사의 소견대로 난소암이었고 암 중에도 독종이라고 했어요. 그런데 이어지는 의사의 말이 놀라웠어요. 신기하게도 암 덩어리가 다른 세포나 혈관과 연결되어 있지 않고 탁구공처럼 굴러 나왔다는 거예요. 그날 밤 몸부림치며 올려드린 기도를 하나님께서 들어주셨던 겁니다. 암이 수술로 인해 혈관을 타고 온몸에 퍼지지 않도록 주님께서 미리 시술해 주셨어요.

저는 암이라는 고난을 통해 기적과 은혜를 경험했어요. 그것은 제가 자녀를 얻고 양육할 수 있도록 하나님께서 허락하신 연단이었습니다. 사랑스러운 딸은 하나님께서 제 인생에서 놀라운 방법으로 간섭하셨다는 증거이기에 너무나 소중한 존재랍니다.

하지마!
재희

범사에 기한이 있고 천하 만사가 다 때가 있나니 날 때가 있고 죽을 때가 있으며 심을 때가 있고 심은 것을 뽑을 때가 있으며 죽일 때가 있고 치료할 때가 있으며 헐 때가 있고 세울 때가 있으며(전 3:1-3).

導きたまえ

作詞
JaeHee Hajima

作曲 JaeHee Hajima

導きたまえ

わ が ベ ス ト ー み ち び か れ ハ レ ル ー ヤ

5. 人とひと 作詞の協力者：稲原佐江子

人とひと　家と家
町と町　国と国
ひとりとみんな
自分と自分　それぞれ
あるもの　ある話し
ありありありすぎて
ひとつ　言葉に言えない　言えない
複雑な壁　我らを導きたまえ　イエスよ
ひとつの愛に気付かせてください

[この水はあなたの血
この風はあなたの息づかい　ハレル
わたしたちは既に
あなたの土を踏んだ
何も恐れない
主イエスを愛す]
これこそひとつの希望ではないか
憎しみ　争い
沈める方
あなたから教えられた不思議な愛

사람과 사람

사람과 사람 가정과 가정
마을과 마을 나라와 나라
혼자 그리고 모두
자신과 자신 가지각색
여러 일들 여러 이야기
많고 많아 넘쳐 나와
하나의 말로 단정 못하네 말못하네
복잡한 우리들을 인도하여 주소서 예수여
하나의 사랑으로 묶어 주소서 아멘

[이 물은 당신의 피
이 바람은 당신의 생명의 호흡 할렐루
우리들은 이미
당신의 몸을 밟았다
무엇도 두려울 것 없네
주 예수를 사랑해]
그래 이것 하나만이 우리 희망이죠
시기 질투 분노 다툼
잠잠케 하시는 분
주님이 가르쳐 주신 십자가의 사랑

이 노래의 가사는 한일 합작품입니다. 곡의 전반부는 저마다 의견과 주장이 다르더라도 예수님의 사랑으로 하나가 될 수 있다는 기대감으로 만들었어요. 괄호로 표시된 부분이 있는데요. 제가 섬기고 있는 교회의 성도 이나하라 씨가 곡에 가사를 덧붙여 준 거예요. 저는 일본의 일반인들을 대상으로 노랫말을 쓰기 때문에 신앙적 색깔을 은근하게 드러내려고 하는 편인데, 이나하라 씨는 신앙생활 기간이 짧은데도 거리낌 없이 열정적인 가사를 써 주었습니다. 덕분에 더욱 그리스도의 향기를 풍기는 노래가 되었죠.

한일관계에 관해 많은 말들이 오가고 있습니다. 한국과 일본의 생각이 같을 수 없고 똑같기를 강요할 수도 없죠. 저는 일본에서 살고 있으니 일본의 입장에서 나오는 이야기도 많이 듣는데 어떤 설도 부인하지 않아요. 나름대로 일리가 있기 때문이에요. 결국 하나님 외에는 중재자가 없으며 화해의 길이 없다는 것을 절감하게 됩니다. 우리는 서로의 잘잘못을 따지려고만 하기보다 하나님의 사랑으로 서로를 바라보아야 해요. 유대인에게 저지른 악행을 사죄한 독일처럼 일본도 우리에게 사죄해야만 한다고 무조건 강요하기는 어려워요. 저는 차라리 일본을 독일만큼 복음화하고 난 뒤에 설득하는 게 좋지 않을까 생각해 보기도 했습니다.

대한민국의 독립과 민주주의, 경제 발전에는 기독교의 역할이 컸습니다. 반면 일본은 기독교 나라인 미국에 패한 나라죠. 일본인들은 은연중에 기독교에 대해 괘씸히 여기는 마음을 담고 있어요. 원자폭탄이 떨어진 최초의 나라인 일본의 기독교 복음화를 위해서는 원자폭탄보다 더 강력한 하나님 은혜의 폭탄이 필요합니다. 바로 한국의 복수가 아닌 용서의 폭탄이 필요해요.

역사 기록을 살펴보면 일본은 우리나라와 자주 왕래하며 가깝게 지낸 이웃나라입니다. 한국어와 일본어는 어순도 비슷해서 서로 습득하기 쉬워요. 이렇듯 가까운 일본을 어찌 우리의 형제라 하지 않을 수 있을까요? 서로 협력하면 전 세계를 무대로 둘도 없는 친구가 될 수 있을 겁니다. 한일관계의 역경을 바로잡기 위해서는 십자가의 헌신이 뒤따라야 해요. 세상 사람들이 비난하고 조롱하며 이해하지 못하더라도 주님께서 주시는 사명이 있다면 두려워 말아야 해요. 그 십자가의 헌신적인 사랑이 한일관계를 꽃피울 테니까요.

신혼 시절

한일 부부로 어려움도 많았지만 주님을 믿는 신앙과 사랑으로 극복할 수 있었어요.

딸과 동갑내기가 있는 친구네 아이들이 오세치 요리 앞에서 사진 한 컷
(자녀로 인해 친구가 되는 경우를 [마마토모]라고 합니다.)

일본도 설이 되면 이렇게 명절 음식을 한상 가득 차립니다. '오세치'는 일본에서 먹는 설음식이에요. 어머니들이 명절 동안 요리할 시간을 절약하기 위해 보관하기 쉬운 음식들을 장만해 며칠 동안 먹는답니다. 연하장을 만들어 보내는 것도 한 해를 맞이하는 큰 행사예요. 물론 우리나라의 크리스마스 카드가 더 화려하지만요.

일본의 기독교는 문화와 생활 속에서 많이 잊혔지만 최근에는 다큐멘터리 드라마, 영화에서 야쿠자 출신의 목사, 교도소 특수 목회가 다뤄지고 있어요. 올해는 독립운동 100주년 기념행사와 더불어 한일관계의 회복을 주제로 한 다큐멘터리 영화가 제작되었다는 이야기도 들었습니다. 우리 안에 이러한 작은 열정들이 모여 주님 안에서 하나 되는 날을 기대합니다.

> 어찌하여 형제의 눈 속에 있는 티는 보고 네 눈 속에 있는 들보는 깨닫지 못하느냐 너는 네 눈 속에 있는 들보를 보지 못하면서 어찌하여 형제에게 말하기를 형제여 나로 네 눈 속에 있는 티를 빼게 하라 할 수 있느냐 외식하는 자여 먼저 네 눈 속에서 들보를 빼어라 그 후에야 네가 밝히 보고 형제의 눈 속에 있는 티를 빼리라 (눅 6:41-42).

人とひと

作詞: JaeHee 、稲原佐江子
作曲: JaeHee Hajima

人とひと

사랑과 사랑

6. 電車、生き延びよう

毎日運んでいく思いと人
決まり付いた一分とも
大事にしている風景
それがルール好きな心の騒ぎかな
偶には守ろうとしても
守れない時も来る　そんな
そうなんだ　人としての限界
目の前にして　ある先生は
いつも泣いてしまうって言った
電車ぽぽ　しゅしゅぽぽ
朝も手を合わせ　無事にちゃんと
着いていけるように　祈ります
命を神からのプレゼントだもの
命を自分のものにしないように
毎日新たな勇気を
この一分とも　生きたい素朴な希望を
電車ぽぽ　運ばれた

전차 칙칙폭폭

매일 싣고 가는 마음과 사람
정해져 있는 단 일분도
소중하게 여기는 풍경
이것이 룰 좋아하는 마음의 소용돌일까
가끔은 지키려고 해도
지켜지지 않는 때가 온다 그래
그렇단다 사람으로서의 한계
눈앞에 닥친 어떤 선생은
언제나 울어버린다고 한다
전차 폭폭 칙칙 폭폭
아침엔 손을 모아 무사히 잘
도착하도록 기도해요
생명은 하나님의 선물이야
생명은 자신의 소유가 아니죠
매일 새로운 용기로
단 일분이라도 살고 싶다는 소박한 소망을
전차 폭폭 싣고 간다

일본에는 '진신지꼬(人身事故)'라는 단어가 있어요. 한자 그대로 풀어보면 '사람의 몸 사고'라는 뜻인데, 실은 전차에 뛰어들어 자살하는 사고를 의미해요. 전차를 교통수단으로 이용하는 대도시에서는 자주 발생하는 사고죠. 이 곡은 '진신지꼬', 즉 자살 예방을 위해 만든 노래입니다.

생명은 하나님의 선물이며 생명의 주인은 하나님이시라고 고백해요. 특별히 이지매(왕따)로 인해 자살하는 학생들에게 삶에 대한 소박한 소망을 전해 주고 싶었어요. '진신지꼬'가 발생하면 일본인들은 문제가 수습될 때까지 전차 안에서 1시간이고 2시간이고 갇혀 꼼짝하지 못합니다. 단 1분이라도 늦으면 정중하게 사과 방송을 보내는 일본에서 이러한 기다림은 어처구니없는 일이지요.

저는 신학교에 다닐 때 만난 어느 교수님을 잊을 수

없습니다. 그분은 이런 진신지꼬 사건이 일어날 때면 스스로 목숨을 끊어야 했던 얼굴도 모르는 누군가를 생각하며 뜨거운 눈물을 흘렸어요. 미국에서 선교사로 일본에 와서 어려움을 많이 겪었음에도 영혼들을 향한 그의 열정과 사랑은 사그라지지 않았지요.

이 노래를 통해 말하고 싶었어요. 자신의 잘못된 선택이 어떤 영향을 끼치는지, 자신의 죽음 때문에 누군가는 뜨거운 눈물을 흘린다는 것을. '나 하나 죽어도 아무도 신경 쓰지 않을 거야'라고 생각할 수 있지만 그렇지 않아요. 자신이 누군지 전혀 모르더라도 너무나 아끼고 소중하게 생각하는 사람이 있다는 것을 기억해야 해요. 무엇보다 생명은 하나님이 주셨기에 우리의 삶은 저마다 소중한 의미와 목적을 가지고 있다는 것을 잊지 말아야 합니다. 어떠한 시련과 환난이 와도 피할 길을 예비해 주시는 하나님을 의지함으로 우리는 죽고 싶을 만큼 괴로운 순간도 뛰어넘을 수 있어요. 제 노래가 히트치지 않아도 괜찮습니다. 이 노래가 단 한 사람의 생명이라도 구할 수 있기를 바랍니다.

> 사람이 감당할 시험 밖에는 너희가 당한 것이 없나니 오직 하나님은 미쁘사 너희가 감당하지 못할 시험 당함을 허락하지 아니하시고 시험 당할 즈음에 또한 피할 길을 내사 너희로 능히 감당하게 하시느니라(고전 10:13).

전차에 대한 일본인의 애정은 남다릅니다. 그들이 여기에 자신의 생명을 던져버리지 않도록 기도해 주세요. 일본에서 애용되고 있는 교통카드의 이름이 스이까(suica)인데요. 저는 이 교통카드의 이름을 바꾸는 것도 자살 예방을 위한 방법 중 하나라고 봐요. 교통카드에 적힌 'suica'는 'suicide(자살)'와 철자가 비슷하기 때문입니다.

전차 사진에 가려져서 보이지 않지만, 이 전차의 표면에는 캐릭터 키티가 그려져 있었어요.

사이타마현 오오미야역에 있는 전차 박물관에서

電車、生き延びよう

作詞作曲 JaeHee Hajima

電車、生き延びよう

전차 칙칙폭폭

作詞作曲 JaeHee Hajima

7. 来る、来る、来た

来る　来る　来る

本当　その話し

ここに　この町　神の憐れみ　天の恵み

ラララララララ　赦し

本当なの　変わるのか

本物の働き

その業　これから受け入れられるって

来る来る　来た来た　あなたにも(本当)

このわたしにも　わうわう

その驚きの証し　あるはずなの

何々言うの　あり得ない　あり得ない

何？リバイバル　それ？リバイバル

あなたにも　わたしたちにも来る

あー　素晴らしい恵み(心開こう)

온다 온다 왔다

온다 온다 온다
정말 그 말이
여기에 이 마을에 주의 긍휼과 천국의 은혜
라라라라라라라 용서
정말이야 변한다고
진실한 역사
그 유업 지금부턴 받아들여진다고

온다 온다 왔다 왔어 네게도(진짜)
이런 내게도 와우와우
저런 놀랄 증언이 있을거라고
뭐라카노 있을순 없지 괜한 소리
뭐라꼬? 리바이벌 그거? 리바이벌
네게도 우리에게도 온다
아 진짜 은혜롭네(맘 열어두자)

이 곡은 부흥에 대한 예언과 반응을 뮤지컬 형식의 대화체로 표현해 보았어요. 예언의 구체적인 내용은 언급하지 않고 있지만, 두세 사람이 모여 예언에 대해 놀라고 거부하는 모습을 표현했죠. 노래의 마지막에는 은혜를 나누며 다가올 부흥을 위해 마음을 열어둘 것을 권면하고 있습니다.

부흥을 위한 키워드는 '회개'와 '용서'가 아닐까 생각합니다. 진정으로 회개하고 용서하는 사람은 스스럼없이 하나님을 만날 수 있으니까요. 아울러 일본선교에서 가장 중요한 것도 용서입니다. 우리가 일본을 있는 그대로 받아들이고 용서하지 않는다면 한국인이 뿌리는 복음과 헌신은 결코 뿌리내리지도, 열매 맺지도 못합니다. 한일관계의 갈등은 일본 현지 선교사의 사역에 큰 장벽이 됩니다. 골로새서 3장 13절은 용서의 방법을 설명하고 있습니다.

> 누가 누구에게 불만이 있거든 서로 용납하여
> 피차 용서하되 주께서 너희를 용서하신 것 같
> 이 너희도 그리하고(골 3:13).

하나님께서는 우리에게 손이 발이 되도록 싹싹 빌 때 마지못해 용서해 주라고 하지 않으셨어요. 주님께서 우리를 용서하신 것처럼 피차 용서하라고 하셨죠. 예수님께서 우리에게 가르쳐 주신 기도에도 용서에 관한 간구가 나와요. 그런데 자세히 보면 용서의 주체는 먼저 우리 자신이 됩니다.

> 우리가 우리에게 죄 지은 모든 사람을 용서하
> 오니 우리 죄도 사하여 주시옵고 우리를 시험
> 에 들게 하지 마시옵소서 하라(눅 11:4).

하나님께 용서를 구하기 전에 사람과 사람 사이에서 벌어진 용서할 제목을 해결하라는 말씀이에요.

더욱이 한국 교회의 부흥을 소망한다면 더더욱 일본을 용서해야 합니다. 국가 간의 미묘한 갈등이 부흥과 무슨 연관이 있냐고 할 수도 있어요. 그러나 구약성경을 보면 하나님께서는 개인의 죄만 다루시지 않아요. 국가의 문제, 국가 지도자의 문제, 국가 간의 문제가 거론되고 있습니다. 한국 교회의 부흥을 위해서라도 일본을 용서해야 되는 거죠. 한국 교회가 일본을 용서해 준다면 우리 선교사들도 일본 현지에서 작은 실수를 저질렀을 때 용서받을 수 있을 겁니다. 그리할 때 우리 사역의 기쁨은 배가 될 거예요.

여름 교회학교캠프 특별 설교에서 성경만화를 보고 준비한 요셉 이야기

요셉의 인생에서 클라이막스를 이루는 대목은 자신을 노예로 팔아버린 형들을 용서하고 받아들이는 장면이죠. 요셉이라는 한 사람의 용서는 한 가정과 한 나라를 위기에서 건져내고 복음의 부흥의 역사를 이어가는 열쇠가 되었습니다.

来る　来る　来た

作詞作曲 JaeHee Hajima

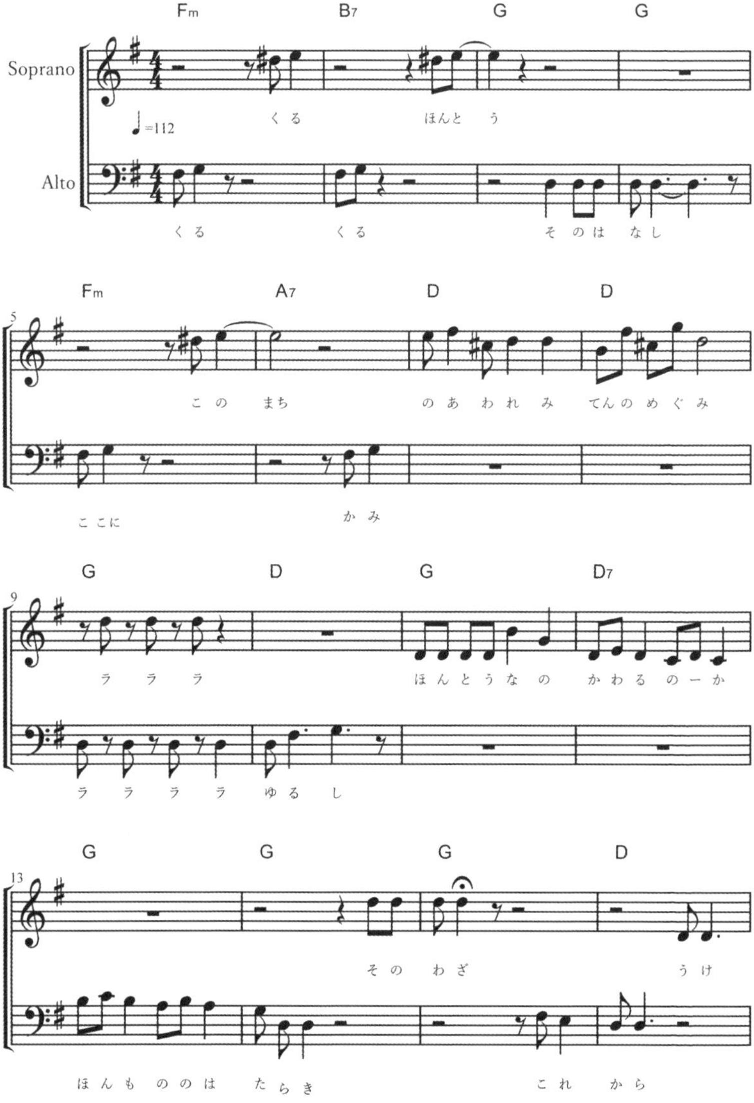

来る 来る 来た

来る　来る　来た

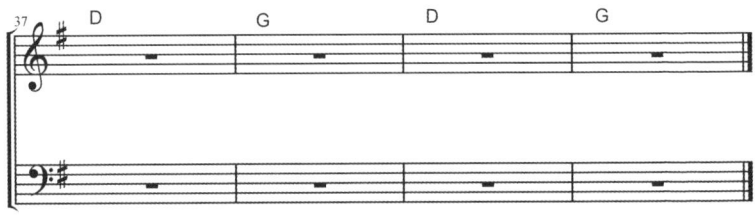

온다 온다 왔다

作詞作曲 JaeHee Hajima

온다 온다 왔다

온다 온다 왔다

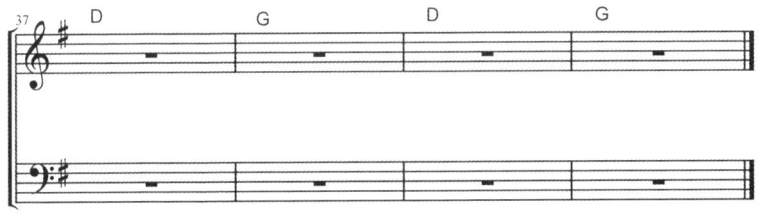

하지만
재희

第五章
詩によって主を証します

5부
시로 주님을
증거하리라

1. 主のふところ

囲まれていく部屋
鉄板の冷たさ、固さが沈む
この静かな町

足が閉ざされて踏めないほどの迷路
巡り巡る長さ、つまらなさが続く
このトンネルの道

そこに留まる理由があるのか
そこにいなければならない根拠を見つけたか
ただ言葉に耳を貸そう
この大きな主のふところに
答えがあるはず

死にかけていた部屋から
立ち上がった、立ち上がれ
終わらない迷路から
切り離された、切り離せ
そこに主のふところが
疲れ果てた わが魂にすすむ

주님의 품

갇혀 가는 방
철판의 차가움 딱딱함이 스며든다
이 조용한 마을

발 디딜 틈없는 미로
돌고 도는 길이 변변치 않게 이어지고
이 터널의 길

거기에 머무는 이유가 있나요
거기에 있지 않으면 안되는 근거는
단지 말씀에 귀 기울여본다
이 커다란 주님 품에
답이 있을 거야

죽음에 휩쓸린 방에서
일어났다 일어나라
끝나지 않는 미로에서
잘라떨어졌다 잘라버려라
거기에 주님 품이
피곤해 지쳐버린 내 영혼에 스며든다

신학교를 갓 졸업한 뒤 이국땅의 소도시에서 부부 목회자로서 사역을 시작할 당시 마음을 써내려간 시입니다. 오랜 시간을 대도시 서울과 동경에서 학생의 신분으로 보낸 저였기에 첫 사역지는 매우 낯선 시간들의 연속이었어요. 한국과 일본에서 그만큼 공부하고서 고작 시골의 작은 교회에서 사역을 하냐고 빈정대는 목회자도 있었죠. 그러나 제가 원해서 결정한 일은 아무것도 없었고 오직 주님께서 인도해 주시는 대로 순종했기에 후회는 없습니다.

2. まっている席

友と呼んでほしいと言われ
すごくうれしかった
友なき旅の長い分
呼んであげてみたかった

わが旅は上からの示しに
つれて行かれ、流れ
好きかってに見えるが
思いとおりではなかった

友だと宣言できない
友の心を
あなたは未だ読めない

だから
まっているのだ
あなたの空いている席をみつつ
永遠に

기다리는 자리

친구라고 불러달라고 한다
정말 기뻤다
친구 없는 머나먼 여행살이라
불러주고 싶었다

이 여행은 위로부터 사인으로
붙들려 끌려가고 흘러가기에
맘대로 다 하는 것처럼 보이지만
생각처럼 되지 않는다

친구라고 선언 못하는
친구의 마음을
너는 아직도 읽지 못하는구나

그러니
이렇게 기다릴 수밖에
너의 빈 자리를 물끄러미
영원히

목회 현장에서 만난 어느 성도와 겪은 갈등을 시로 표현했습니다. 선배들로부터 목회자는 성도와 어느 정도의 거리를 두는 게 좋다는 이야기를 들었어요. 물론 건강한 관계를 지속하기 위해서지요. 저 역시 초보 목회자로서 적당한 거리를 두려고 애썼답니다. 하지만 꼭 그래야만 했나 회의가 들었어요. 친구가 되고 싶다는 제안을 받고도 분명하게 대답하지 못했고 이후 관계에 갈등이 있었습니다. 이 시를 쓸 당시 그 성도는 교회를 떠났지만, 지금은 교회에서 물심양면으로 열심히 봉사하고 있어요. 사람의 마음을 주장하시며 새롭게 헌신할 수 있게 하신 하나님께 감사했습니다.

3. 友よ

時がたてば忘れていく
ものかと思いきや
友よ、遠くいっていなく
なったかと思いきや

友よ、時空をのりこえて
常に心に刻んでいたのだ
友よ、われらは何かあっても
見比べやすかった

だが、あなたがいたから
わたしがいられた
あなたがそうしたから
わたしもそこまで
走って来たのだ

友よ、今さらだけど
また一緒に机に向かい
一緒に出かけようではないか
今、桜が散る前に

친구여

시간이 지나면 잊어버릴
거라고 생각했건만
친구여 멀리 없어져
나갔다고 생각했건만

친구여 시공을 초월해서
항상 마음에 새겨두고 있단다
친구여 우리들에게 무언가 일어날 때면
비교하기 쉬웠구나

그래도 친구가 있었기에
나도 여기에 있었고
친구가 그랬기에
달음질했건만

친구여 지금에 와서 하는 말이지만
다시 함께 책상 머리맡에 겨누고
같이 산책이나 안 할까
이제 막 사쿠라 꽃이 지려고 하니까

소원해진 친구와 관계를 회복하기 위해 마음 졸이는 모습을 그리고 있습니다. 선교지에서 친구는 너무도 귀하고 소중한 존재예요. 결혼해서 남편이 곁에 있어도 역시 동성의 친구는 필요하죠. 모국에서 느꼈던 가족보다도 가까운 우정을 내심 기대할 때가 있어요.

친구는 연령대와 배경이 비슷한 경우가 많기에 서로 비교당하기도 쉽고 라이벌이 되기도 하는데요. 그런 친구가 있었기에 지금의 저로 성장할 수 있었는지도 모르겠어요. 다윗과 요나단 같은 우정까지는 아니더라도 함께 봉사하며 즐거운 시간을 보낼 날들을 기대하며 권유하는 마음을 담았습니다.

우리 동네의 절경 [시다레 사쿠라]

4. 時

時がある

とてもではないけど時がある

流れていく時間の中に

誰でもその中で時を過ぎていた

たった今をつかもうとしても

時は待ってくれない

時はつい誰もかに待たされるだけ

待つだけに尊いものになっていく

わたしにとって長い時が

永遠の日からは一時へと軽く見える

その時のはかりが欲しくなる

思い出が消えていても待ってくれるだろう

때

때가 있다
뭐라고 말할 수 없지만 때가 있다
흘러가는 시간 속에서
누구라도 한 때를 지내고 있다

방금 막 잡으려고 해도
때는 기다려 주지 않는다
때는 어떤 누군가가 기다리고 있을 뿐
기다리기에 소중함이 배가 되고

나로선 이 긴 시간이
영원이라는 시간에서
한 순간으로 가볍게 보이기도 한다
그 영원의 잣대가 갖고 싶다
추억이 없어져 가더라도 기다려 줄 테니

시간에 쫓기는 현대인의 모습과 기다림의 미덕을 그린 시입니다. 기다림과 인내를 배우는 것은 쉽지 않은 일이죠. 목회자도 예외가 아닙니다. 태신자 중에는 성도의 부족한 모습을 꼬집어 비판하기 좋아하는 분도 있어요. 비판의 대상이 되지 않는 것도 중요하지만, 비판하는 습관도 좋지 않습니다. 비판하는 일에 열중하다보면 믿음이 없는 자신의 모습에 안주하게 될 수 있거든요. 성도가 되면 누군가가 자신을 엄격한 잣대로 비판할까봐 두렵기 때문이에요. 자신이 다른 사람을 비판했던 것처럼 말이죠.

> 그러므로 남을 판단하는 사람아, 누구를 막론하고 네가 핑계하지 못할 것은 남을 판단하는 것으로 네가 너를 정죄함이니 판단하는 네가 같은 일을 행함이니라(롬 2:1).

5. びんの中の手紙

びょうきは身を引いたり離したりした

この中を押したり絞ったり

ついには連れて行こうとする

びょうきがこれ以上関わらないようにと

スピーディなレールでチャイムを鳴らそう

びんの中に入れ込んでみた細かい字が

ライラックの香り溢れた一夜を

今日も目覚めて生きるのだ

병 속의 편지

병마가 나를 끌었다 놓았다 한다

나를 눌렀다가 짰다가 거두려고도 한다

병마가 더 이상 틈타지 않도록

더 빠른 레일로 쾌차를 울려라

병 속에 띄워보내는 세세한 글귀가

라일락 향기꽃 가득한 한 밤을

오늘도 지새우게 하구나

난소암이 발견된 후 수술과 치료를 받는 과정에서 지은 시입니다. 의사는 항암치료를 추천했지만 저는 선배 목사의 권유로 고용량 비타민 주사요법을 선택했어요. 지금은 혈액검사 결과도 좋고 이전보다 더 건강해진 것 같다고 느낄 만큼 안정을 찾았습니다. 하지만 당시에는 불안과 염려가 가득했어요. 수술 직후 인터넷이나 책을 뒤지며 암에 대한 정보를 수집하는 데 몰두하기도 했죠. 무엇보다 어린 딸을 두고 세상을 떠난다는 것이 두려웠던 것 같아요. 병마와 사투를 벌이고 있는 분들의 마음에 위로와 용기가 전해졌으면 합니다.

암진단을 받았을 때 두 살된 딸 아이

6. 君は生きています

萎れて眠っている丘へ

花一本、息を放つ

何も用がなさそうな陰の底

君はスヤスヤ気配を残す

何故か、君の香り

確かに書けぬ

いつか知られる鐘の音と共に

君の息吹は小さな震え大きな波で

我らのそばに抱かれるだろう

花が君へと証してくれるよう

今日も静かに祈ります

그대는 살고 있습니다

시들어 잠든 작은 언덕

꽃이 숨쉽니다

별 볼 일 없다던 그늘 저편

그대는 새근새근 자취를 남깁니다

웬일일까 그대의 향기는

확실히 그려지지 않지만

언젠가 알려질 종소리와 함께

그대의 숨결은 작은 진동 큰 진동으로

우리 곁에 안겨지리라

꽃이 그대에게 증언하기를

오늘도 살며시 두 눈 감습니다

본 교회 등록 교인은 아니었지만 시한부 인생을 선고 받고 아시카가에서 지내던 어느 성도가 있었습니다. 이 시는 그분을 만나러 갔을 때 우연히 마주한 꽃을 보고 지었습니다.

남은 여정은 짧지만 자녀에게 복음을 전하고 싶다는 간절한 마음을 담았습니다. 병마의 고통은 컸지만 기도의 힘은 쇠하지 않았지요. 하나님을 찾는 모습, 교회를 그리워하고 걱정하는 진심이 제 마음을 울렸습니다. 이분은 병문안하러 갈 때마다 저 멀리 북해도에서 보내온 성도들의 편지와 메시지를 들려주었어요.

갈급한 성도와의 교제를 통해 누리는 기쁨은 아직 젊고 신앙 경험이 짧은 목회자에게 산 증인이 되어줍니다. 비록 만남이 길지 않았고, 우리의 섬김도 어눌했지만 이분과의 만남은 시들어가는 잡초 속에서 핀 꽃처럼 제 가슴에 새로운 희망을 안겨 주었어요..

7. ひとつにかけた

ひとつにすべてをかけた
人を見たことがあるか
ただひとつに惚れて
ひとつに悩まされて
ひとつに微笑んで
ひとつに泣かされた

そのひとつの息吹が
消えていく日が来た

ひとつの思いは
消えないでいた
ひとつの心を残してしまった

ひとつだけにかけた姿は
ひとり一人にひとつとして
渡されている

하나에 걸었다

하나에 모든 걸 걸었다
그런 사람을 본 적이 있는가

단 하나에 반하여
하나에 시달림 받고
하나에 미소짓고
하나 때문에 눈물짓던

그의 하나의 생기가
사라져 간 날이 왔다

하나의 생각이
사라지지 않고 있다
하나의 마음을 남기고 말았다

단 하나에 걸었던 모습은
한 사람 한 사람에게 하나로서
건네지어 주고 있다

교회의 성도 나가이 씨의 신앙과 죽음을 그린 시입니다. 그는 교회 개척 당시 목회자의 남동생이자 교회 임원으로서 자신의 인생을 걸어 교회를 섬긴 분이었어요. 자신의 재산을 후손들에게 남기지 않고 교회 건축과 토지 구입을 위해 헌금했습니다. 마지막 순간까지도 교회를 위해 걱정하고 기도했어요. 기도하는 모습은 언제나 정정했습니다. 그의 헌신의 정신은 남아있는 가족과 성도들에게 고스란히 전해졌어요. 성도들에게 본이 된 그의 헌신을 오래도록 간직하고 싶습니다.

나가이 씨가 손으로 직접 만든 판화 엽서

8. 足は利く

足利に来ました
夜が早く始まったのです
足も伸ばさないほど
方向音痴の娘はじっとしていた

車に乗りました
引き出しから取り出した免許の使用開始
車社会って言われる道を
とーんと走り出しました

広い土地を見ました
閉まっている店さんも口を開けたいって
必要な手足がいっぱい
町づくりに足のばすもの共が
とんとん利ける方向模索

観光スポット
グルメスポットに
芸人出会いスポットまで
そろっているよ

じゃ、うちにも
足をのばしてはいかが

足利市旭町の教会の奥さんより

발이 잘 갑니다

아시카가에 왔어요
밤이 빨리 시작하네요
발을 뻗이지 않아도 될 정도구요
길치인 딸은 그냥 앉아만 있어요

차를 몰았어요
장롱에서 빼내든 면허증 사용개시
차문화라고 불리는 시가지를
붕 하고 달려나갔지요

넓은 땅을 보았어요
닫힌 상점들도 입벌리고 싶다고
손발이 필요한 곳들이 줄줄이
마을 재개발에 발 들이는 시민들이
점점 되는 방향 모색에 나서려고 뚝딱

관광 스포트
먹거리 스포트에
연예인 엿보기 스포트까지
있어요 얼씨구

자 그럼 여기도
발길 돌려 보시는 건 어때요

아시카가시 아사히쵸교회 아줌마로부터

아시카가에 이사 와서 지낸 소감과 교회에 초대하는 시입니다. '발(足)', '효과가 있다(利)'라는 단어로 언어유희를 즐겨보았어요. 재미에서 시작되지만 종착역은 전도랍니다. 저는 장롱면허로 20여 년을 살다가 운전하지 않으면 안 되는 세상으로 뛰어들었어요. 차가 없이는 불편한 생활을 해야 했기 때문이에요. 아시카가는 관동 북부지역으로 동경에서 특급전차로 한 시간에 갈 수 있는 거리의 소도시입니다. 그러나 동경에서의 생활과는 전혀 달랐어요. 젊은이들이 직장이나 결혼으로 빠져나가기 때문에 인구감소 현상이 현저해 상가들이 문을 닫는 일이 비일비재했죠. 그럼에도 아시카가는 동네 살리기 운동에 앞장서는 의식 있는 젊은이들도 많았고. 이제는 역사와 문화의 도시로, 관광명소로, 먹거리 명소로, 최근에는 영화와 드라마 촬영지로도 사랑받고 있어요. 이 유명세에 밀려나지 않겠다는 각오로 "교회에도 와 보라"고 초대하며 시를 마무리했답니다.

향교 아시카가학교 근처의 풍경 좋은 타이 레스토랑에서

국보 불교사찰 '반나지'가 보이는 2층에 위치한 타이 레스토랑

여기에 모래가 깔려 있고 그 위에 앉아서 기도하는 작은 불상이 있습니다. 아주 인상적이어서 사진을 남겼습니다.

해 시로 주님을 증거하리다

하지마!
재희

付記
著者 羽島健司

부록

저자 하지마 켄지

1. J-Popの基本的な楽曲構成

現代日本の世俗的な歌曲、いわゆるJ-Popには[1]、定番の楽曲構成があります。

まず1曲を大きく分けると、3つの節(3 Verses)に分けられます。

そして、ひとつの節も、以下のように3つの楽節(3 Melodies)に分けられます。

例　1番[2]：Aメロ……Bメロ……サビ[3]

ex.　Verse 1: Melody A……Melody B……Sabi (Melody C)

なお、3番はサビのみ、もしくはAメロを省略し、Bメロとサビのみにすることが多いです。

---

1 以下のJ-Popについての記述は、マキタスポーツ『すべてのJ-POPはパクリである』扶桑社、2014年に基づいている。
2 Verseは「節」と訳すことが多いが、日本では歌の節は「1番、2番」と数えるのが一般的である。
3 最も盛り上がるメロディのことを指す、日本語の用語。語源は不明。

全体の流れは、以下のようになります。

イントロ…1番: A — B - S…2番: A — B - S…楽器ソロ…3番: (B-) S…エンディング

J-Popは、言うなればこのような「型」にはまった作品が多いと思います。ただ私は、決してそれが悪いと言っているのではなく、作り手も聞き手もこの「型」に慣れている状態で、余計なことを考えずに作曲したり聞いたりできるので、かえって歌に感動しやすくなるように思います。むしろ、日本人がより共感しやすい歌の形が生き残った結果、自然に上記のような楽曲構成へとまとまっていった、ということではないでしょうか。

私は不勉強で、いわゆるK-Popをほとんど存じ上げないのですが、もしかしたら、J-Popとも「型」、基本的な楽曲構成を共有しているかもしれません。別にJ-Popのみに固有のものでもないでしょう。

また、J-Popはいわゆる洋楽、特にアメリカとイギリスのポピュラー音楽に強い影響を受けています。ですから、J-Popの楽曲構成は、何も日本人が無から作りあげたものではなく、むしろ最初は洋楽の模倣から始まったのだろうと思います。ただ、少なくとも私が好きで聞いている洋楽[4]の楽曲構成は、多かれ少なかれ、J-Popの「型」とは違っているようです。

外国の文化をあまり迷うことなく取り入れつつも、日本人が受け入れやすいようにある程度の修整を施し、結果的に、似ているようでどこか違う文化を作ってしまう。どこの国、民族でも起こっていることとは思いますが、日本では特に、このような文化の受容と改変が、よく起こっているように思います。

---

[4] Jethro Tull, *Steely Dan, Sly and the Family Stone, Mountain* など

2. その他のJ-Popの特徴

話をJ-Popに戻しますと、楽曲構成以外にも、おそらくはJ-Popに特徴的な要素があるように思います。箇条書きにしますと、以下の通りです[5]。

> インド・ヨーロッパ語族の言語に比べて、日本語は1単語当たりの音節数が多いため、同じ音数のメロディに乗せられる単語が少ない。そのため作詞家は、歌詞の内容、意味をよく考えて、切り詰める必要がある 。
> 日本語はインド・ヨーロッパ語族の言語や韓国語に比べて、閉音節が非常に少ないため、16分音符を連打するような、早口の歌詞が作りやすい。

---

[5] の点は、賛美歌の訳詞に顕著に表れている。同じ賛美歌を見比べてみると、日本語の訳詞は原語に比べて、単語を抜く、一部内容を無くすなど、賛美歌全体の意味が伝わるギリギリまで、言葉を切り詰めていることが分かる

母音の連続を二重母音化し、「く(ku)」、「し(shi)」、「す(su)」、「つ(tsu)」などを子音(k, sh, s, ts)として扱うなどして、インド・ヨーロッパ語族の発音体系を一部取り入れている。これは特に、テンポの速い楽曲で顕著である。

3つの節による楽曲構成を通して、何らかの物語が進んでいく形の楽曲も多い。

直接的な言葉遣いよりは、少し考えてようやく理解できるような、工夫された言い回しを好む。聞くだけでは理解できない歌詞でも問題はなく、わざわざ歌詞カードを読んで分析する者も多い。

　これらの特徴は、少なくとも旧来の賛美歌[6]にはあまり見られないものです。もっとも私は、それで旧来の賛美歌は現代日本に合わない、などとは思っ

6　本で言うと、1954年に刊行された『讃美歌』に収録されているもの。

ていません。日本人の感覚とは異なる音楽文化として、独特の位置を占めればいいのではないかと思います。

　しかし私としては、J-Popの様式を取り入れた、新しい賛美も必要なのではないか、と感じています。J-Popは、元(もと)となった外国の文化とは微妙に異なる形で熟成しており、日本人に特に訴えかける要素が多く含まれています。これからの日本伝道のためには、日本人になじみやすい、いい意味で「型にはまった」歌も、必要になってくるのではないでしょうか。

　以下に挙げる3曲は、いずれも私が作詞作曲したものです。私は別にプロのミュージシャンではなく、自分なりのJ-Pop分析をしたからと言って、それに完全にのっとった歌を作れるわけでもありません。ただ、それなりにJ-Popの特徴を取り入れて、作詞作曲をしたつもりです。

歌詞をお読みになって、ずいぶんと回りくどい表現をするのだな、と思われるかもしれません。ただ、私の意見としては、日本人はあまりにもストレートな「賛美」の表現を好まないのではないかと思います。ちょっと考えて分かる、くらいでちょうどいいのではないかと思うのです。実際、以下の私の3曲では、神様に直接言及していませんが、内容は私自身の信仰を反映したものです。

　また、歌詞の言葉遣いや内容が暗いのは、単なる私の性格の表れです。

　3曲の歌詞それぞれに、簡単な解説を付けていきます。

3. 羽島健司の自作曲

swansong of THIS World
(Words & Music: DTFC)

[A-1-1] 聞こえるのは 私ひとり
音も枯れて 声も枯れる
苦しみの歌さえ 誰にも聞こえない

[A-1-2] 聞こえるのは 私ひとり
音も枯れて 声も枯れる
喜びの歌さえ 誰にも聞こえない

[B-1-1] 闇の中で 声をひそめ
この嘆きを 書き留めよう
いつの日にか 歌えるように
いつの日にか 聞こえるように

[B-1-2] 闇の中で 声をひそめ
この誉め歌 書き留めよう
いつの日にか 歌えるように
いつの日にか 聞こえるように

[A-2-1] 聞こえるのは 僅かな者
音も枯れて 声も枯れる
苦しみの歌さえ 誰にも聞こえない

[A-2-2] 聞こえるのは 僅かな者
音も枯れて 声も枯れる
喜びの歌さえ 誰にも聞こえない

[B-2-1] 闇の中で 声を合わせ
この嘆きを 歌い継ごう
後の世にも 歌えるように
後の世にも 聞こえるように

[B-2-2] 闇の中で 声を合わせ
この誉め歌 歌い継ごう
後の世にも 歌えるように
後の世にも 聞こえるように

のっけから、「この世自体の辞世の句」という変わったタイトルです。また、「J-Pop特有の3節からなる楽曲構成」にもなっていません。歌詞だけでもそうですが、曲にもJ-Popらしさはあまりありません。

　「この(THIS)」を強調していますが、この曲はいわゆる終末を歌ったものではなく、古代ローマ帝国滅亡後、暗黒の中世にあっても、賛美歌を歌い継ぎ、楽譜を書き写してきた人々へのオマージュです。17世紀以降の日本の隠れキリシタンや、現代日本における教会の現状も、念頭にありました。

ripe fruit

(Words & Music: DTFC)

[A-1] 息をするのも厭(いと)わしいほどの
人の心が腐りゆく臭(にお)い
滴る膿に鼻を打たれつつ
古(いにしえ)の罪に思いを馳せる

[B-1] 何もかもを委ねて 清められる時を待つ

[S-1] The end of time is coming
近づいている
喜びに満たされた刈り入れの日が
Temporum finis venit
泣くのはお止め
苦しみの時がまだ続くとしても
全ての愛は実を結ぶ

[A-2] 終わりの時を思わせるほどの
欲に塗(まみ)れた人々の願い
友のことなど 誰も思わずに
いつも空しいものに依り頼む

[B-2] 誰ひとり良い者はいないとまだ気づかない

[S-2] The end of time is coming
心の澱(おり)が
抜かれずにひたすらに溜まり続ける
Temporum finis venit
それでも今は
芳(かぐわ)しい血と水が醸されている
裁きの火入れはもうすぐ

[S-3-1] I see the ripe fruit falling
腐れる前に
落とされた方がまだ良かったのだろう

[S-3-2] The end of time is coming
近づいている
喜びに満たされた刈り入れの日が
Temporum finis venit
泣くのはお止め
苦しみの時がまだ続くとしても
全ての愛は実を結ぶ

神学生のころ、伝道実習中に、アモス書8章1-3節の、「一籠の夏の果物(a basket of ripe fruit)」から示されて作った曲です。アモス書の箇所は、人々の悪が爛熟する様子を描いたものですが、[A-1]は、他人ではなく自分自身の悔い改めのつもりで歌っています。

　「Temporum finis venit」(テンポールム・フィニス・ウェニト)は、ラテン語で「様々な時代の終わりが来るだろう」という意味です。

　音楽的には、スティーリー・ダン(Steely Dan)の「Home at Last」と「Babylon Sisters」の2曲、いわゆるハーフタイムシャッフル(Half-time shuffle)の楽曲を下敷きにしています。……というか、そのままの模倣ないしはパクり(剽窃)です。

Rhodopis' sandal

(Words & Music: DTFC)

[A-1] あえぎながら日は沈み また戻って来るかもわからないけれど
暗闇にうずくまって 私もまた 微(かす)かにため息をついた

[B-1] 色のない花を咲かせましょう
手折られることもなく 散るとしても

[S-1] ずっと誰かに頼り続けて 誇りも明日もない
もう独りでいい 苦しむなら 独りでも構わない

[A-2] 他人(ひと)に罪をなすりつけ 嘘をついて ここまで生きて来たけれど
すべてが私のせいと知っていても 気づかないふりを続ける

[B-2] 棘(とげ)のある花を咲かせましょう

誰もがみな離れて行くとしても

[S-2] ずっと誰かを恨み続けて 何もかも傷つける

もう独りでいい 苦しむなら 独りでも構わない

[A-3] 光が闇を切り裂き あなたもまた照らされる時が来るまで

暗闇にうずくまっているとしても あなたにできることがある

[B-3] 鮮やかな花を咲かせましょう

いつまでも終わらない 朝(あした)は来る

[S-3] 何ひとつできないとしても 愛されるだけでいい

もう独りじゃない 僕がいるよ あなたは独りじゃない

タイトルのうち、「ロドピス(Rhodopis)」は人名で、古代ギリシアの民話の主人公です。民話は平たく言えば『シンデレラ』の起源で、曲タイトルの「sandal」がわざわざ単数になっているのもそのためです(サンダルが「ガラスの靴」に相当します)。

　明るいJ-Pop風の曲になっていると思うのですが、実はこの曲は、東日本大震災直後から、震災を念頭に置いて、少しずつ歌詞を書いてきたものです。例えば、「あえぎながら日は沈み」という冒頭の言葉には、震災後の不安が込められています。

　3番でいわば「話者の交代」が起こっています。1番、2番がロドピスの歌だとすれば、3番では天使が歌っている、といった形です。曲もそれに併せて、3番の前で転調しています。J-Popでは、こうしたトリッキーな手法も、時おり使われます。

1. J-Pop 기본적 악곡 구성

현대 일본의 세속적 가곡, 즉 J-Pop이 가진 일반적인 곡의 구성이 있습니다.[1] 먼저 한 곡을 크게 나누면 3개의 절로 구성됩니다. 그리고 한 절도 3악절로 나눌 수 있습니다.

예) 1절(번)[2] ; A 멜로 B멜로 사비(S)[3]

또한 3절(번)은 사비만, 혹은 A멜로를 생략하고 B멜로와 사비만으로 구성되는 경우가 많습니다.

전체의 흐름은 이하와 같습니다.

전주 - 1번: A–B–S 2번: A–B -S 악기솔로

3번: (B-) S - 엔딩

---

1 이하의 J-Pop에 대한 기술은 마키타스포츠 저, 『모든 J-POP은 표절이다』(부소사(扶桑社), 2014년).
2 Verse는 "절"이라고 번역하는 편이 흔하나 일본에서는 노래의 절을 "1번"," 2번"으로 표기하는 것이 일반적이다.
3 한 곡 가운데 가장 생동력이 있는 멜로디 부분을 가르킨다. 일본어이며 어원이 불확실하다.

J-Pop은 이런 형식을 가진 작품이 많다고 봅니다. 작곡가와 청취자 모두 이 형식에 익숙해져 있기에 어찌 보면 이런 형식에 감동받기 쉬울 수 있습니다. 반대로 생각해서 오히려 일본인이 공감하기 쉬운 노래 형식들이 반복해서 불리다 보니 자연스럽게 위와 같은 곡 구성으로 정리된 것일지도 모릅니다.

저는 K-Pop에 대해 깊이 있게 알지는 못하지만 어찌 보면 J-Pop과 형태나 기본적인 곡 구성을 공유하고 있는지도 모릅니다. J-Pop만이 특별히 고유한 형식을 가지고 있는 것은 아닙니다. J-Pop은 서양음악, 특별히 아메리카와 영국의 대중 음악에 큰 영향을 받았습니다. 그러므로 J-Pop의 곡 구성은 일본이 무에서 유를 창조한 것이 아니라 서양 음악[4]의 모방에서 시작된 것이라고 할 수 있습니다. 단지 적어도 제가 좋아하는 서양 음악

---

4 Jethro Tull, Steely Dan, *Sly and the Family Stone, Mountain* 등

의 곡 구성은 J-Pop의 형태와 조금 다른 것 같습니다.

일본인은 외국의 문화를 별 망설임없이 받아들이면서도 이를 더 받아들이기 쉬운 형태로 수정합니다. 결과적으로는 비슷하나 어딘가가 다른 문화를 만들어 버리지요. 어느 나라와 민족이라도 있을 법한 이야기이나, 일본은 특히 그러한 문화의 수용과 개혁이 자주 일어난다고 보입니다.

2. 그 외의 J-Pop의 특징

J-Pop은 곡 구성 이외에도 고유의 특징적 요소가 있다고 생각합니다. 다음과 같이 정리할 수 있습니다.

- 인도 유럽 어족의 언어에 비해서, 일본어는 한 단어당 음절수가 많기 때문에, 동일한 음수의 멜로디에 실을 수 있는 단어가 적습니다. 이로 인해 작사자는 가사의 내용, 의미를 잘 생각해서 단어를 줄여야 할 필요성이 있습니다.[5]
- 일본어는 인도/유럽어족의 언어와 한국어에 비해, 폐음절이 꽤 적기 때문에 16분 음표를 연타하는 빠른 템포의 가사를 만들기 쉽습니다.
- 모음의 연속을 이중모음화해서, 「く(ku)」「し

---

5 이 점은 찬송가의 번역에 현저히 드러납니다. 동일한 찬송가를 비교해 보더라도 일본어 가사는 원어와 달리, 단어를 빼거나 일부 내용을 삭제하는 등, 찬송가 전체의 의미를 전할 수 있을 정도의 선에서 말을 자르고 붙이는 것을 알 수 있습니다.

(shi)」,「す(su)」,「つ(tsu)」등을 자음(k, sh, s, ts)으로 취급하여 인도/유럽어족의 발음체계를 일부분 받아들이고 있습니다. 이는 특별히 템포가 빠른 곡에서 현저하게 나타납니다.

■ 3절의 곡 구성을 통해 어떤 형태로든 스토리를 지닌 곡이 많습니다.

■ 직접적인 말투보다는 조금 생각해서 이해할 수 있도록 에둘러 말하는 듯한 뉘앙스를 즐깁니다. 일본인에게는 들었을 때 이해되지 않는 가사도 문제가 없습니다. 일부러 가사를 읽어가며 분석하는 사람도 많습니다.

이러한 특징들은 적어도 구찬송가[6]에는 별로 보이지 않습니다. 그렇다고 해서 구찬송가가 현대의 일본에 맞지 않다고는 생각하지 않습니다. 일본의 사뭇 다른 음악

---

6 일본에서 말하자면 1954년이 간행된 [찬송가]에 수록된 것

문화로서 독특함을 살리면 좋다고 생각합니다. 그럼에도 제 소견에는 J-Pop의 형식을 모방한 새로운 찬양도 필요하다고 봅니다. J-Pop은 그 기본이 되었던 외국 문화와는 색다른 형식으로 발전해 왔으며, 특히 일본인에게 호소력이 강합니다. 이 시대의 일본선교를 위해서 일본인에 익숙한 노래, 좋게 말해서 [맞춤형] 노래도 필요하지 않을까 합니다.

지금부터 소개할 세 곡은 모두 제가 작사작곡한 곡입니다. 저는 프로 음악가가 아니기에 J-Pop을 분석했다고, J-Pop을 만들 수 있다고는 말할 수 없습니다. 단지 나름대로 J-Pop의 특징을 참고해 곡을 만들어 보았습니다.

가사를 읽어보시면 꽤 돌려서 말하는 것처럼 보일지도 모릅니다. 저는 이를 통해 일본인이 찬양의 직접적인 표현을 별로 좋아하지 않는다고 봅니다. 의미를 생각해

보니까 알 것 같은 그 정도가 적당합니다. 실제 이하의 자작곡 세 곡에는 하나님을 직접 언급하지 않습니다만, 내용은 저 자신의 신앙을 반영하고 있습니다. 또한 가사의 뉘앙스와 내용이 어두운 것은 제 성격이 비춰진 탓입니다. 세 곡의 가사 각각에 대해 간단한 해설을 덧붙이겠습니다.

※이하의 가사의 번역은 일본어를 단지 한국어로 번역한 것에 불과합니다. 한국어로 노래 부르기 위한 가사는 아닙니다. 다시 말해서, 일본어 가사의 번역은 시의 느낌으로 읽어주시기를 부탁드립니다.

3. 하지마 켄지의 자작곡

swansong of THIS World

(Words & Music: DTFC)

[A-1-1] 들리는 것은 나 혼자뿐
소리도 말라서 목소리도 마르네
고통의 노래마저 누구에게도 들리지 않아

[A-1-2] 들리는 것은 나 혼자뿐
소리도 말라서 목소리도 마르네
기쁨의 노래마저 누구에게도 들리지 않지

[B-1-1] 어둠 가운데 목소리를 숨겨
이 한탄을 적어두자
언젠가는 노래 부를 수 있게
언젠가는 들릴 수 있게

[B-1-2] 어둠 가운데 목소리를 숨겨
이 칭송의 노래을 적어두자
언젠가는 노래 부를 수 있게
언젠가는 들릴 수 있게

[A-2-1] 들리는 것은 얼마 안 되지

소리도 말라서 목소리도 마르네

고통의 노래마저 누구에게도 들리지 않지

[A-2-2] 들리는 것은 얼마 안 되지

소리도 말라서 목소리도 마르네

기쁨의 노래마저 누구에게도 들리지 않지

[B-2-1] 어둠 가운데 목소리를 합하여

이 한탄을 노래로 이어받자

다음 세대에도 노래 부를 수 있게

다음 세대에도 들릴 수 있게

[B-2-2] 어둠 가운데 목소리를 합하여

이 칭송의 노래를 이어받자

다음 세대에도 노래 부를 수 있게

다음 세대에도 들릴 수 있게

처음부터 「이 세상의 최후의 작품」이라는 좀 생소한 타이틀입니다. 또한 "J-Pop 특유의 세 절 곡 구성"도 아닙니다. 가사도 그러하나 곡 또한 J-Pop의 특징이 별로 없습니다.

"어둠"을 강조하고 있으나 이 곡은 종말을 노래하는 것이 아닙니다. 고대 로마제국 멸망 후, 암흑의 중세 시대였음에도 찬송가를 부르며 악보를 적고 보존해 왔던 분들에 대한 존경을 나타내고 있습니다.

ripe fruit

(Words & Music: DTFC)

[A-1] 숨쉬기 조차 싫을 정도로
사람의 마음이 썩어져 가는 냄새
적시는 화농이 코에 떨어지면서
원죄에 대한 생각에 잠긴다

[B-1] 무엇이든지 맡기고 정결해질 때를 기다린다

[S-1] The end of time is coming
다가오고 있다
기쁨으로 가득 채워진 추수할 날이
Temporum finis venit
눈물 흘리는 건 멈춰
고통스런 시간이 아직 계속되어도
모든 사랑은 열매를 맺을 거야

[A-2] 종말의 때를 생각하게 할 정도로
욕망으로 먹칠하던 사람들의 갈망
친구나 어느 누구도 생각 못하고
언제나 공허한 대상에게 모든 걸 걸었다

[B-2]어느 누구 한 사람 좋은 사람 없다는 걸 아직 실감 못해

[S-2] The end of time is coming
마음의 앙금이
사라지지 않고 오로지 끊임없이 쌓이네
Temporum finis venit
그래도 지금은
향기로운 피와 물이 발효되고 있다
심판의 불에 들어가는 건 금방

[S-3-1] I see the ripe fruit falling
썩어져 가기 전에
떨어져 나간 것이 더 좋았을 테니까

[S-3-2] The end of time is coming
다가오고 있다
기쁨으로 가득 채워진 추수할 날이
Temporum finis venit
눈물 흘리는 건 멈춰
고통스런 시간이 아직 계속되어도
모든 사랑은 열매를 맺을 거야

하지만
재희

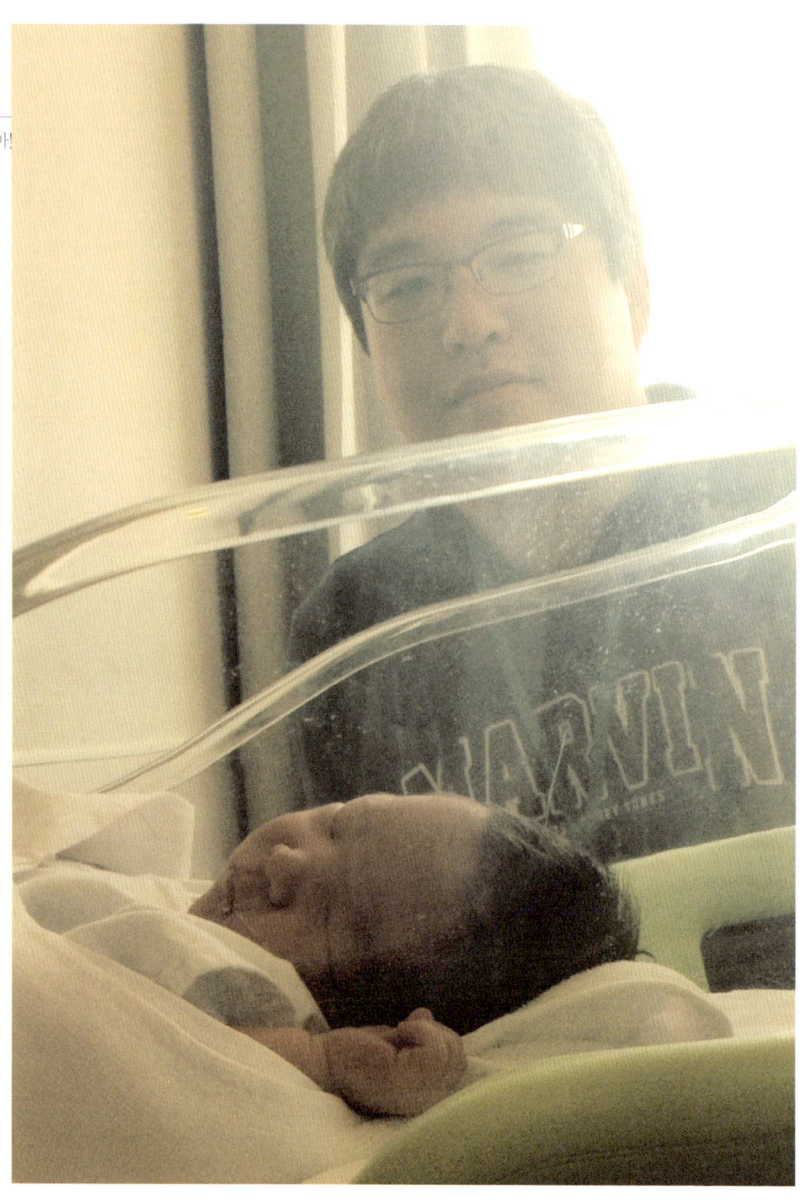

신학생 시절 전도실습 중에 아모스 8장 1-3절 [여름 과일 한 광주리]에서 영감을 얻어 만든 만든 곡입니다. 아모스서의 말씀은 사람들의 악이 완숙된 모습을 그린 것이나, [A-1]는 다른 사람이 아니라 자신의 회개의 의미로 노래하고 있습니다.

"Temporum finis venit"은 라틴어로 "여러 시대의 종말이 올 것이다"라는 의미입니다. 음악적으로는 Steely Dan의 「Home at Last」와 「Babylon Sisters」와 같이 Half-time shuffle의 곡을 바탕으로 하고 있습니다. 어쩌면 그대로 모방한 거라고 할 수 있습니다.

Rhodopis' sandal

(Words & Music: DTFC)

[A-1] 허걱거리며 날은 저물고 다시 돌아올지도 모르지만
어두움에 웅크리며 나도 또한 희미한 한숨을 쉬었다

[B-1] 무색의 꽃을 피워 볼까요
꺾이는 것도 없이 질지라도

[S-1] 줄곧 누군가에게 의지하며 자랑도 내일도 없이
이젠 혼자가 좋아 힘들다면 혼자라도 괜찮아

[A-2] 타인에게 죄를 씌워 거짓을 말하고 이제껏 살아 왔건만
모든 것이 내 잘못이라고 알았건만 마냥 모른 체한다

[B-2] 가시 있는 꽃을 피워보자
누구든 다 멀어져 간다 해도

[S-2] 계속 누군가를 원망하며 뭐든지 상처준다
이젠 혼자가 좋아 힘들다면 혼자라도 괜찮아

[A-3] 빛이 어둠을 가르고 당신에게도 다시 비춰질 때가 올 때까지
어둠에 웅크리고 있더라도 당신에게 할 수 있는 것이 있을거야

[B-3] 선명하게 피어오르는 꽃을 기다리자
언제까지나 끝나지 않는 아침은 오리라

[S-3] 무엇 하나 잘 안되더라도 사랑받는 것으로 충분해
이젠 혼자가 아니지 내가 있잖아 당신은 혼자가 아니야

타이틀 중 "Rhodopis"는 인명으로 고대 그리스 민화의 주인공입니다. 이 민화는 쉽게 말하자면 "신데렐라"의 기원이 됩니다. 타이틀의 "sandal"을 일부러 단수형으로 한 것은 이 때문입니다(샌들이 유리 구두에 해당합니다).

언뜻보면 경쾌한 J-Pop 풍의 곡 같지만, 실제로 이 곡은 동일본대지진 직후에 재해를 염두에 두고 조금씩 가사를 적어내려간 것입니다(저희 부부는 신학생 때 일본 기독교단 총의장과 신학생들과 함께 지진 피해복구 위해 봉사활동에 참여했습니다). 예를 들어 "허걱거리며 날은 저물고"라는 서두의 가사는 재해 후의 불안이 담겨 있습니다.

3번 구절에서 이른바 '화자의 교체'가 일어나고 있습니다. 1번, 2번이 로도뻬스의 노래라고 하면 3번에서는 천사가 노래하고 있는 형태입니다. 3번 구절 앞에서 조

옮김도 합니다. J-Pop에서는 때때로 이런 까다로운 수법도 사용됩니다.

아래의 사진은 가시가 많은 난의 일종으로 일년에 한 번 하루 정도 화려하게 피는 꽃입니다. 꽃이 피는 시간에 잘 포착하여 사진을 찍어 두었네요. 가시밭 같은 인생이어도 꽃필 날을 기대하는 우리 인간이겠지요.

[선명하게 피어오르는 꽃을 기다리자] 이 가사에 잘 어울리는 사진 한 컷

swansong of THIS WORLD

swansong of THIS WORLD

swansong of THIS WORLD

ripe fruit

ripe fruit

Rhodopis' sandal

에필로그

하지마!
재희

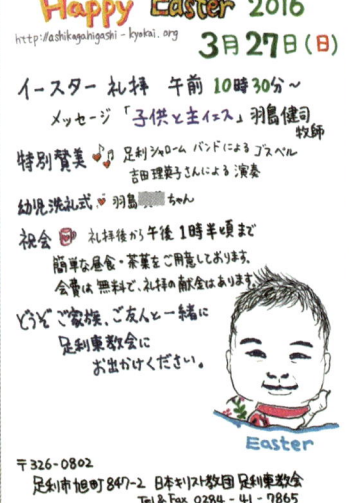

부활절 초대 엽서

제가 작성한 부활절 초대 엽서입니다. 저희 딸의 유아세례식 알림도 적혀 있습니다. 출산의 기적을 통해 많은 사람들이 교회에 관심을 가지게 되었습니다. 아기 얼굴을 보러 교회에 오는 분들도 가끔 있을 정도였습니다. 가정을 통하여 역사하시는 하나님께 감사 드립니다.

아래 사진은 아시카가히가시교회 강단에 봉헌된 꽃입니다. 추천서를 적어주기도 한 아리타 씨가 찍은 사진으로 저희 교회 홈페이지 또한 제작해 주어서 전도에 큰

아시카가히가시교회 강단에 봉헌된 꽃

힘이 되었습니다. 교회의 벽은 오야이시라는 돌판으로 둘러싸여 있습니다. 창문틀이 십자가 형태이고 창으로 스며드는 하늘색이 십자가만을 명상할 수 있도록 돕습니다.

제가 섬기는 아시카가히가시교회 홈페이지 첫 화면에 이미지입니다.

교회 건물은 성도 하야마 씨가 디자인했습니다. 그는 부드러운 곡선을 표현하기 위해 직접 목수일을 도맡았습니다. 뛰어난 예술가이며 노동을 사랑하는 분이지요.

이 모든 사람들의 섬김으로 일본의 한 교회가 꺼져

가고 있는 일본선교의 불씨를 힘겨이 피우고 있습니다. 계속적인 기도와 응원을 요청하며 선교지에서 마음으로 큰절 인사 올립니다.

마지막으로 환난 가운데 있는 조국을 생각하며 하나님의 말씀을 나눕니다.

> 진실로 너희에게 이르노니 무엇이든지 너희가 땅에서 매면 하늘에서도 매일 것이요 무엇이든지 땅에서 풀면 하늘에서도 풀리리라 (마 18:18).

한일 양국의 고통의 역사를 우리 시대에 함께 주님의 임재와 찬양 가운데 풀게 되리라. 그 임재와 찬양으로 인도하는 사명의 열쇠가 저와 여러분에게 있음을 전합니다. 할렐루야!

그 새 날을 기대하면서 …

하지마! 재희
2019 년 8 월 15 일 초판 발행

| 지 은 이 | 하지마 재희
| 편 집 | 김수홍, 강혜은
| 디 자 인 | 이수정
| 펴 낸 곳 | 도서출판 하영인
| 등 록 | 제504-2019-000001호
| 주 소 | 포항시 북구 삼흥로411
| 전 화 | 054) 270-1018 팩스 054) 270-1005
| 홈페이지 | https://blog.naver.com/navhayoungin
| 이 메 일 | hayoungin814@gmail.com

ISBN 979-11-966074-5-6(03670)

※ 낙장·파본은 교환해 드립니다.
※ 본서의 모든 곡과 악보는 선교를 위해 복사와 인용하는 데 제한을 두지 않습니다.

이 도서의 국립중앙도서관 출판시 도서목록(CIP)은 서지정보유통지원시스템 홈페이지(http://seoji.nl.go.kr)와
국가자료공동목록시스템(http://www.nl.go.kr/kolisnet)에서 이용하실 수 있습니다.
(CIP제어번호: CIP2019029706)